食育
アイデア
Book

おやこでクッキング テレビの本

IN 保育園

チャイルド本社

もくじ

第1章 春

千葉県木更津市　岩根保育園
保育室で炊飯し、ごはんも
おかずも自分で配膳 …… 6

神奈川県横浜市　横浜りとるぱんぷきんず
絵本の料理をクッキング。
給食には世界の料理が …… 8

千葉県船橋市　やまびこ保育園
園庭では よもぎ摘み、
裏山では たけのこ掘り …… 10

埼玉県さいたま市　あおぞら保育園
「伝統食」が食育の基本。
みんなで ぬか床作りも …… 12

大阪府大阪市　みつばさ保育園
「若枝園地」で子どもが
育てた野菜を給食に …… 14

京都府京都市　椥辻保育園
「おもしろい」「楽しい」と
感じる体験を食育でも …… 16

オリジナル春のレシピ …… 18

食育基礎知識①
身支度・手洗い …… 22

第2章 夏

埼玉県本庄市　児玉保育園
食事は、食べきれる量を
自分で注文 …… 24

東京都江戸川区　船堀中央保育園
季節を感じる生活で
食の"旬"を知る …… 26

神奈川県横浜市　わくわくの森保育園
だしにこだわった給食で
味覚を育てる …… 28

鳥取県米子市　仁慈保幼園
食育活動のテーマを
決めるのは子どもたち …… 30

東京都墨田区　杉の子学園保育所
おなかをすかせて食べる
経験を大切に …… 32

愛知県名古屋市　大の木保育園
力士との出会いがきっかけ。
給食にちゃんこ鍋 …… 34

オリジナル夏のレシピ …… 36

食育基礎知識②
子どもクッキングで使える調理器具 …… 40

第3章 秋

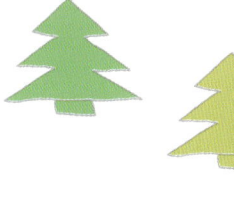

福岡県京都郡苅田町　青い鳥保育園
食べものができるまでを
知る体験を大切に ……… 42

千葉県千葉市　チューリップ保育園
エコの心を食育にも。
生ごみは肥料に変えて活用 ……… 44

京都府京都市　御池保育所
調理活動は、何を作るかも
自分たちで考える ……… 46

群馬県高崎市　矢中保育園
野菜を収穫したら、
その場ですぐに味見する ……… 48

兵庫県神戸市　明照保育園
食育は、感謝の心を
育てることから ……… 50

山形県山形市　出羽保育園
みんなで育てた米が
毎日の給食の主食 ……… 52

オリジナル秋のレシピ ……… 54

食育基礎知識③
包丁とまな板の使い方 ……… 58

第4章 冬

北海道札幌市　三和新琴似保育園
命をいただくことに
感謝できる経験を ……… 60

島根県浜田市　れんげ保育園
見て、触って
魚の大好きな子に ……… 62

広島県広島市　保育園ゆりかご
食べものの育ちを知り
手作りの味を体験 ……… 64

秋田県秋田市　ふじ保育園
クッキングで
本物を味わう ……… 66

愛知県名古屋市　いずみ保育園
実際に体験して
知る・感じる経験を ……… 68

鹿児島県霧島市　照明保育園
自然の実りに気づき、
自然の味を味わう ……… 70

オリジナル冬のレシピ ……… 72

食育クイズ ……… 76

はじめに

　「食育基本法」が制定されてから5年以上がたち、「食育」という言葉がすっかり浸透。多くの保育園や幼稚園、そして家庭でも、栽培や収穫、調理といった「食育」が取り入れられています。

　そんな中、こども・アニメ専門チャンネル=キッズステーションで、「おやこでクッキング IN 保育園」という番組が制作され、全国各地の保育園で行われている食育の取り組みと、親子で行うクッキングの様子が放映されてきました。
　今回、その2年分の放映内容をもとに、「食育アイデアBook おやこでクッキング　テレビの本」がまとめられました。

　「食育」にも質やバリエーションが求められる中で、本書に収録された全国の園の、そして子どもたちの取り組みを参考に、充実した活動を展開していただければと思います。

本書の特長

●保育園の食育活動●
園の環境や保育理念をいかした食育活動を紹介しています。

●親子のクッキングとレシピ●
郷土料理や地域の特産を生かした料理作りに、保育園の親子がチャレンジ。その様子とレシピを収録しています。
※レシピは「レシピページ」として掲載。

●園の活動を広げる食育アイデア●
実践園の取り組みの中から、どの園でも取り組めるよう、食育活動のヒントをピックアップしています。

●食育クイズ●
食への興味を広げるクイズが59問。
園の「食育だより」のコラムとしてもご活用いただけます。

春

3月〜5月放映分

千葉県木更津市
❋ 岩根保育園
保育室で炊飯し、ごはんも
おかずも自分で配膳

神奈川県横浜市
❋ 横浜りとるぱんぷきんず
絵本の料理をクッキング。
給食には世界の料理が

千葉県船橋市
❋ やまびこ保育園
園庭では よもぎ摘み、
裏山では たけのこ掘り

埼玉県さいたま市
❋ あおぞら保育園
「伝統食」が食育の基本。
みんなで ぬか床作りも

大阪府大阪市
❋ みつばさ保育園
「若枝園地」で子どもが
育てた野菜を給食に

京都府京都市
❋ 椥辻保育園
「おもしろい」「楽しい」と
感じる体験を食育でも

spring

保育室で炊飯し、ごはんも おかずも自分で配膳

千葉県木更津市 **岩根保育園**

栽培と収穫、調理はもちろん、保育室ごとにごはんを炊いたり、自分たちで配膳をしたりなど、毎日の生活にもさまざまな食育活動を取り入れています。

自分たちの部屋で炊いたごはんを、それぞれ自分でよそいます。

おかずをよそうのも、お手のもの。

春は、園の畑でじゃがいもの植えつけを体験し、6月に収穫します。土の下の茎にたくさんのじゃがいもがなっているのを見つけると、子どもたちは大喜びです。

実際に自分の手で苗を植えて、育て、さらに収穫したものを調理し、食べる経験をさせています。それが食べものに対する興味、食べることに対する意欲につながっているようです。
中上祐子先生

炊飯器から匂いがしてくるとしぜんにおなかもグー

保育室には、それぞれに炊飯器が置かれていて、クラスごとに、お昼にいただくごはんを炊きます。

いい匂いがしてきて、炊きあがると、ちょうど給食の時間。ごはんの炊ける音や匂いで、給食が待ち遠しくなります。

年長組の配膳は、食べられる量を考えて、ごはんもおかずも子どもが自分でよそいます。それぞれの食材にどんな種類の栄養が入っているか、それがどんな働きをするか、日ごろの活動でよく知っているので、どの子もバランスよく盛りつけます。そして、大きな声で「いただきます!」。

春には、じゃがいもの植えつけを体験

保育園の畑では、なすやピーマン、オクラなど、季節ごとにいろいろな野菜を育てています。

春には、じゃがいもの植えつけを体験します。「皮のところに芽があるでしょう。ここから茎が伸びてくるの」「芽が出ているほうを上にして置いて、土をかぶせてね」と保育者からの説明をしっかり聞いて作業を開始。子どもたちは、手を真っ黒にしながら、一生懸命、植えつけを行いました。

「じゃがいもを使った料理、何が食べたい?」と保育者にたずねられると、「じゃがバター!」「カレー!」などと、いろいろなメニューが飛び出しました。

おやこでクッキング！

園のじゃがいもと地元のあさりを使った献立にチャレンジ

- ころころ肉じゃが
- あさりのみそ汁
- 三角おにぎり

クッキングのメニューは、肉団子入りの「ころころ肉じゃが」と、木更津の海でたくさんとれるあさりを使ったみそ汁です。肉じゃがには、ひき肉で肉団子を作って入れます。

岩根保育園では毎年、お月見団子を作っていて、団子作りはお手のもの。どの子も、慣れた手つきで、ひき肉を丸めていました。あさりのみそ汁作りでは、水に入れて火にかけたあさりが、だんだんと開いていく様子を興味津々、観察しました。

肉団子作りでは、こねたり丸めたりと大活躍しました。

土がついたじゃがいもをたわしでゴシゴシ。「どうして、こんなに土がついているんだと思う？」と保育者が聞くと、「土の中に入っていたから！」と、即答した子どもたち。じゃがいもの収穫体験が生きる場面です。

あさりを入れて煮立てた水が白くにごっているのは、あさりからおいしいだしが出ているから。ここにみそを溶けば、おいしいあさりのみそ汁のできあがりです。

ころころ肉じゃがのレシピは **18** ページ

できあがり

食育アイデア

袋でじゃがいもを栽培しよう

畑がない園も、麻袋やショッピング袋を使って、じゃがいもを育ててみましょう。

用意するもの

- 麻袋や大きめのビニール袋
  ※ビニール袋を使うときは、底に水抜きの穴を開ける。
- 種いも
  ※食用で売っているものではなく、種いも用のものを用意する。

栽培の手順

❶ 種いもが大きいときは、半分、または4等分に切る。
　※切る場合は、必ず芽が集まっている頂上部分から縦に等分する。
　※種いもを切った場合は、断面が乾燥してから植える。

❷ 袋の半分くらいまで培養土を入れ、種いもを置いて、さらに6～7cm程度土をかぶせる。
　※種いもを切ったときは、断面を必ず下にする。
　※1つの袋に1つ植える。

❸ 3～4週間で芽が何本も出てきたら、芽の数を2～3本に減らす。
　※芽を4～5本にすれば、小粒のじゃがいもがたくさん採れる。

❹ 芽が出てから、生長に合わせて2回程度に分け、土の高さが10～15cmほど高くなるように、土を盛る。

❺ 葉が黄色く色づいて枯れ始めたら収穫。

メモ
なぜ種いもから育てるほうがよいの？
病気に強く、収穫量も多くとれるからです。

なぜ芽を減らすの？
芽の数を少なくするほど、大きなじゃがいもがとれます。

絵本の料理をクッキング。給食には世界の料理が

神奈川県横浜市 **横浜りとるぱんぷきんず**

「絵本」や「世界」と「食」をつなげるなど、幅の広い食育活動を行っています。

はじめに、おいしそうなコロッケがたくさん出てくる絵本を読んでもらいます。『11ぴきのねことあほうどり』（作：馬場のぼる／こぐま社）

ゆでてつぶしたじゃがいもと、豚のひき肉、みじん切りにしたにんじんとたまねぎを保育者がビニール袋に入れ、子どもがこねます。

こね終わったら、少しずつ手にのせてもらって、丸い形を作っていきます。

おやつの時間に合わせて、給食室で揚げてもらいます。

お昼寝から覚めたら、お待ちかねのおやつタイム！ちょっと不ぞろいだけど、おいしそうなコロッケがたくさんできました。

毎年、テーマを決めて、保育をしています。20年度のテーマは「わ」。年少組はお話の「話」、年中組は日本の「和」、年長組は環境の「環」ということで、さまざまな活動に取り組んできました。食育では、世界各地の料理や、郷土食を通して、世界の文化や日本の伝統を子どもたちが知る機会にしています。

園長・大江恵子先生

『11ぴきのねことあほうどり』に出てくる「コロッケ」を作りました

絵本に出てくる食べものをテーマにしたクッキングは月1回の企画です。

5月は『11ぴきのねことあほうどり』という絵本に出てくる「コロッケ」を作りました。手ざわりや匂いをたしかめながら、コロッケを形作っていく子どもたち。

衣をつけるのは保育者の役目ですが、保育者のすることをよく見て、小麦粉、卵、パン粉の順番につけていくことを学びます。形はちょっとバラバラだけど、一生懸命作ったコロッケに、子どもたちはとてもうれしそうでした。

スペインのパエリアが給食に登場しました

いろいろな国の料理を食べる取り組みは、食を通して、世界を身近に感じてもらうためです。世界地図を見せながら、「今日の給食は、すごく遠いところにある国のお料理です」と、保育者。指さしたのは、ヨーロッパにあるスペイン。

「何が有名な国か知ってる？」「イチロー？」「ううん、イチローはアメリカだよね。みんなが園庭でよくやっているスポーツです」「わかった！サッカー」。「そう、そのサッカーがとっても強い国だよ」などと、保育者と子どもたちで、わいわいとやりとりしながら、スペインという国を理解していきます。

給食に出てきたパエリアは、とってもおいしくて、スペインという国にも興味が広がった子どもたちでした。

8

食育アイデア

世界の料理に目を向けてみよう

給食のメニューやお弁当のおかずなど、子どもになじみのある料理やお菓子について、どの国の食べものかを調べたり、簡単に手作りして食べてみましょう。

活動内容

・どこの国の料理かに興味を向けよう

「みんなの好きなカレーライスは、インドのお料理なんだよ。インドってどこにあるのか知ってる？」
「みんなが好きなお料理は、どこの国のお料理なのかなぁ？」
「スパゲッティは、どこの国のお料理かな？」

カレーライス、スパゲッティ、キムチ、ギョーザ、パエリアなど、私たちはいろいろな国の料理を、とくにどの国の料理であるか、といったことをさほど意識することなく食べています。
日本の昔からある郷土食などに目を向けるのはもちろんですが、世界の国の食事に興味を向けることも食育です。

おやこでクッキング！
いろいろな国の「お野菜たっぷり料理」を親子で作りました

「今日は、ここのイタリアっていう国のミネストローネと、インドの…」と地図を指しながら、献立を紹介します。

パスタを観察。なじみのない形のパスタに興味津々。調理前に食材と触れるのも、食への興味につながります。

● ミネストローネ（イタリア）
● サモサ（インド）
● ホットドッグ（アメリカ）

給食でおなじみの世界各国のお料理。今回は、番組の親子クッキングでチャレンジしました。
まずはイタリアのいろいろな形のパスタを観察し、野菜スープ、ミネストローネを作ります。
インドのサモサは皮から手作り。
ホットドッグは、「アメリカは、パンに何かをはさんで食べる料理が多いんですよ」と保育者のお話を親子で聞いてから作りました。

小麦粉に水と塩とサラダ油を混ぜて、よくこねて、サモサの生地を作りました。生地作りは、お母さんにもよい経験になったようです。

インドのサモサのレシピは 19 ページ

できあがり

園庭では よもぎ摘み、裏山では たけのこ掘り

千葉県船橋市 やまびこ保育園

春は園庭でよもぎを摘み、夏には畑でズッキーニの収穫、秋にはいも掘りやみかん狩りなど、身近な自然と深く関わりながら、1年を通して食育活動を行っています。

園庭のよもぎを摘みます。

団子をつくるのは園長先生の担当。刻んだよもぎを混ぜながらついていくと、白い団子がみるみるきれいな緑色に。色が変化する様子を間近で見て、子どもたちも大喜びです。

子どもたちは、どの子も大きな口をあけて、満面の笑顔です。

子どもたちには、季節を感じながら、「いま、これが旬」というものを味わってほしいと思っています。11月にはみかん狩り、6月にはズッキーニを収穫して食べるという経験をしています。おいしい食べものを食べられるありがたさを知り、感謝の気持ちをもって生活してほしいです。

園長・内田勝久先生

園庭のよもぎを摘んで草団子作り。毎年の恒例行事です

毎年、春の新入園児歓迎会では、園庭のよもぎを摘んで団子を作るのが恒例です。摘む前に、保育者が何種類かの葉っぱを見せて、「よもぎの葉っぱ、どれだかわかる?」と聞くと、「知ってる!」「裏が白くて、ギザギザの葉っぱ!」と即答する年長の子どもたち。さすが、見分け方をよく知っています。そのあと園庭に出て、よもぎを摘みます。「あった!」「これ違うよ」と、大騒ぎしながら、たくさんのよもぎを摘みました。

おいしいよもぎ団子をいっしょに食べて、仲よくなりました

いよいよ新入園児歓迎会の始まりです。在園の子どもたちが作った数珠玉の飾りをかけてもらい、にこにこうれしそうな新入園児。メインイベントは、よもぎ団子つき。上新粉をこねて蒸したものを、30年前から使っている臼の中へ。ゆでて細かく切ったよもぎと混ぜて、杵でつきます。できあがったよもぎ団子は、あんこときなこをまぶしていただきました。甘くておいしいよもぎ団子をいっしょに食べて、すっかり仲よくなった新入園児と在園の子どもたちでした。

食育アイデア

たけのこを観察して食べよう

たけのこは、春の到来を告げるシンボリックな食べものです。皮のついたたけのこを入手して、子どもといっしょに観察して食べる機会を作ってみましょう。

活動内容

・たけのこをよく見てみよう

1. 皮に泥がついていることに注目し、たけのこが土の中にあったことを確認する。
2. 「たけのこのお洋服を脱がせようね」と、たけのこの皮をむく。
3. 「たけのこのおなかは、どうなっているかな？」と子どもに想像をさせながら、半分に切る。
4. 「たけのこのおなかにはたくさん"お部屋"があるね。いくつあるのかなぁ？」と数えてみる。

観察したあとは、給食室に調理をお願いしたり、自分たちでゆでてえぐみをとって、食べてみましょう。

資料　たけのこのゆで方

鍋に、たけのこがかぶるぐらいの水を入れ、米ぬかを加えて強火にかける。煮立ったら静かに煮立つ程度まで火を弱め、落としぶたをして40分〜1時間ほどゆでる。竹串がスーッと通るくらいになったらゆであがり。
火を止めて、ゆで汁につけたまま室温で冷まし、たけのこを取り出してぬかを洗い流す。

おやこでクッキング！

主役は、みんなで収穫したたけのこを使った「ちらし寿司」

たけのこが生えているのを見つけて、大喜び。根元を掘って、最後は手で引っ張って、立派なたけのこがとれました。

食材を切ります。包丁が初めての子も教えてもらって、慎重に。

ごはんに寿司酢と具材を混ぜると、いい匂いがしてきました

ラップの上に絵を描くようにのせていきます。

- お絵かきちらし寿司
- たけのこの姫皮とよもぎのお吸いもの
- かき菜のゴマ和え

番組の収録はたけのこ狩りからスタート。続いて、畑でかき菜を、園舎の裏側でふきを収穫。これらの食材を使って、「お絵かきちらし寿司」を作りました。調理では包丁にもチャレンジ。「お絵かき」では、「私は、春のお姫さま」「ぼくは、車」などと親子で楽しく話しながら食材を並べていきます。食べるのがちょっともったいないような、素敵な「お絵かきちらし寿司」ができました。

お絵かきちらし寿司のレシピは19ページ

できあがり

「伝統食」が食育の基本。
みんなで ぬか床作りも

埼玉県さいたま市 **あおぞら保育園**

年間を通して、日本の伝統食を基本に食育を進めているあおぞら保育園。給食に出されるぬか漬けのぬか床は、開園した7年前から大切にしているものです。

箸の持ち方を練習。保育者は一人ひとりをていねいに確認します。

みんなで新しいぬか床を作りました。

年間を通して、行事と食事を関連させながら食育を進めています。日本人として、伝統的な文化に触れてほしいという考えもあります。また、箸の使い方や茶碗を置く位置など食事のしつけに関しても、給食のときなどにできるだけ自然な形で伝えるよう心がけています。

園長・大野智子先生

野菜を取り出すと、子どもたちは大喜びです。

大きなぬか漬けの桶を子どもたちに見せます。「匂いを嗅いでごらん」という保育者の声に、子どもたちからは「すっぱい！」という反応がありました。

ぬか床から次々出てくる野菜に子どもたちは大喜びします

週に一度、給食でぬか漬けを出しているのも、日本の伝統食を身近に感じてほしいから。ぬか漬けの桶を子どもたちに初めて見せるときは、中にある泥のような物体に、「わあ！何これ？」と、どの子も驚きの声を上げるとか。

「この中に、ほら、野菜が漬けてあるのよ」と、栄養士がぬか床に手を入れ、宝探しのように、きゅうりやにんじんなどの野菜を取り出してみせると、子どもたちは大喜びです。

子どもとぬか床作りに挑戦しました

子どもたちもいっしょに、ぬか床を作ってみることになりました。玄米を精米して、ぬかを取るところを見せながら、「このぬかには、お米の栄養がいっぱい入っているんですよ」と話します。

ぬかに塩水を入れて、手でよく混ぜ合わせます。はじめはさらさらとしていたぬかが、塩水となじんで、粘土のように粘り気のある手ざわりに変わってきました。初めての体験に子どもたちは大興奮。

作りたてのうちは、お米のいい匂いがするぬかみそですが、野菜をつけていくうちに、野菜のうまみと乳酸菌の作用で、すっぱい匂いに変わります。そんな匂いの変化も知り、子どもたちは、ますますぬか漬けが大好きになりました。

おやこでクッキング！

食材をたっぷり観察してから「ピクニックランチ」作りに挑戦

園長先生に、いわしの手開きを教えてもらい、子どもたちも挑戦。

卵焼きでは、フライ返しに挑戦しました。

開いたいわしを細かく刻んで、ごまとみそを入れて混ぜ、のりにのせて、にんじんといんげんを巻いてクルン。ふだん魚が苦手な子どもでもおいしく食べられそうです。

好きな具をラップにのせて、ごはんをのせるだけ。コロコロおむすびは、簡単なのに見た目がかわいい。

- ブロッコリーの卵焼き
- いわしの磯辺揚げ
- コロコロおむすび

番組では、調理の前にブロッコリーといわしを観察。ブロッコリーはよく見ると、小さななつぼみが集まっていることがわかりました。次に、管理栄養士の資格をもっている園長先生が、いわしの手開きの仕方を教えてくれました。さっそくチャレンジした子どもたち。初めてにしては上手にできて、お母さんたちもびっくりです。
一生懸命作った3品を、ボックスに彩りよく詰めていきます。親子で協力して、おいしそうなランチボックスができました。

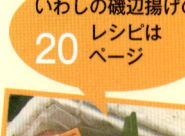
いわしの磯辺揚げのレシピは **20** ページ

できあがり

食育アイデア

「ぬか漬け」をつけてみよう

日本の伝統食のひとつ、ぬか漬けを作ってみましょう。発酵食品としてすぐれた食であることも再認識したいですね。

ぬか漬けの作り方

❶ ぬか1キロに、水1リットル、塩100グラムの割合で作った塩水を入れて、手でよく混ぜ合わせる。

❷ なすやきゅうりなどの野菜を漬け込んで、1～2日おくとできあがる。

ミニ知識　ぬか漬けの効用

ぬか漬けの下地になる「米ぬか」は、たんぱく質や脂質、カルシウム、リン、鉄、ビタミンA（カロチン）などを含んでいます。そこに、ビタミンCを豊富に含む野菜を漬ければ、栄養満点の食品になるということです。
また、ぬかには乳酸菌も含まれており、これは腸内環境をよくし、体調を改善してくれる善玉菌の代表で、体にとっていろいろな効果があると言われています。

「若枝園地」で子どもが育てた野菜を給食に

大阪府大阪市 **みつばさ保育園**

園の畑で野菜を育てたり、園庭に実ったかきの実を収穫したり。積極的な食育活動を通して、子どもの生きる力を育てています。

だいこんを収穫。「とれた〜！」と喜ぶ子どもたち。

収穫したてのだいこんを、やさしく大事に洗います。

「若枝園地」と名づけられた園の畑ではだいこんやにんじん、じゃがいもなど、いろいろな野菜を育てています。

だいこんのいちょう切りをしました。一切れ一切れていねいに切っていきます。

作品展で、園の畑を再現しました。だいこんも上手に表現できました。

子どもたちには、できるだけいきいき過ごしてほしい。そこで、プランターで米を栽培して収穫の喜びを味わったり、庭のかきの実をとって食べてみたりなど、五感を存分に使う体験をさせています。こうした体験が生きる力を育んでいくと思うからです。

園長・迫佐恵子先生

種から育てただいこんを大切に収穫しました

10月に種を植えただいこん。毎日交代で水をやり、11月には間引きも体験しました。みんなで大切に育ててきただいこんが大きく育ったので、いよいよ収穫することに。畑にやってきた子どもたちは、「はじめは、こ〜んなに小さい芽だったのに」と、わさわさと茂っただいこんの葉っぱにびっくり。葉っぱもおいしく食べられるので、葉っぱを傷つけないように、慎重に抜くようにという話を聞いてから、いよいよ収穫。ちょっと小さめながら、立派に育っただいこんが次々と収穫できました。

収穫しただいこんは、みんなでサラダを作っていただきました

収穫しただいこんは、すぐに水で洗い、サラダにしました。
保育者に包丁の使い方を教えてもらい、だいこんのいちょう切りにも挑戦。きゅうりも切って、袋に入れて塩もみにし、マヨネーズを加えれば、収穫したての「だいこんサラダ」ができあがり。給食で、おいしくいただきました。

だいこんの葉っぱをゆでてしょう油で味つけしたおひたしもいただきました。

油揚げから手作り！カラフルないなり寿司ができました

いなり寿司の材料となる油揚げを観察。「これ、何でできているか、わかる？」と保育者。ヒントは、油揚げを開いた中身の白い色。

油揚げのもとになる豆腐を見せてもらってから、実際に目の前で油揚げを作ってもらいました。油揚げ用の豆腐を油で2度揚げすると、油揚げになるのです。白い豆腐を油に入れると、みるみるふくらんで、おなじみのあの油揚げの姿に。

炊きたてのごはんを寿司飯に。うちわで仰ぎながら、切るように混ぜて冷まします。

食育アイデア

お寿司のことをもっと知ろう

お寿司といっても、にぎり寿司、いなり寿司、のり巻きといったもののほかに、奈良の柿の葉寿司、福井県の焼きさば寿司など、地方によって伝統的なものがいろいろとあります。まずは、自分たちの住む地域に残る「お寿司」について調べてみましょう。

活動内容

- お寿司について話してみよう
   「どんなお寿司が好き？」
   「どんなお寿司を食べたことがある？」
   「おうちで食べるお寿司には、何が入ってる？」など
- いろいろなお寿司を紹介しよう
- 地元のお寿司を調べよう
- 地元のお寿司を作って食べてみよう

仕上げのトッピングは、最後まで自分で作ったという達成感が得られる作業です。

地元のお寿司や、伝統的なお寿司でなくても、子どもが楽しく作れるお寿司を作ってみてもいいですね。市販の味つけの油揚げを使ったいなり寿司でもよいですし、「お絵かきちらし寿司」(レシピp.19参照)でもよいでしょう。
できれば、すっぱい匂いを嗅ぎながら寿司飯作りから始めてみましょう。

● 三色いなり寿司
● 青葉のいなり巻き

豆腐屋さんから特別に、油揚げ用の豆腐を分けていただき、油揚げから手作りしました。今回は、いなり寿司の上に三色のおかずをのせるということで、ひじきの煮物（黒）、にんじんのたらこ和え（オレンジ）、カレー風味の炒り豆腐（黄色）の三品も作ります。ひじきを水で戻して炒め煮したり、たらこを皮から出してにんじんと炒めたり、寿司飯作りなど、さまざまな作業に挑戦。お母さんたちは、子どもができるだけ自分でできるようアドバイスしながら見守っていました。

三色いなり寿司のレシピは21ページ

できあがり

「おもしろい」「楽しい」と感じる体験を食育でも

京都府京都市 **椥辻(なぎつじ)保育園**

実際に体験し、おもしろがる、楽しむことを大切にさまざまな活動を行っている椥辻保育園。食育でも子どもたちがおもしろがれる工夫を心がけています。

キャベツの葉をおいしそうに食べる青虫を見つけたときは、農家の方の、「虫が食べにくるほど、おいしいキャベツなんだよ」というお話に納得。

お釜で炊いたごはんで、おむすびを作ります。好きな材料を入れて。

園にときどきやってくる"オマメマン"が登場。今日も、豆についていろいろ教えてくれました。

子どもは実際に体験することが大切です。そこで、田んぼや農園で米や野菜を作ったりしながら、「おもしろい」「楽しい」と思える体験をたくさんさせています。クッキングでも、食事を作る過程を楽しみ、「おいしかった」「またやりたい」と思えるような取り組みを工夫しています。

園長・片岡滋夫先生

キャベツの収穫では、新しい発見に大喜び

園の近くの農園で、キャベツの収穫を体験。大きな声で「キャベツをとらせてください」と農家の方にお願いしてから始めます。

まず、キャベツを間近に見て、とても大きいことを発見して興奮した子どもたち。引き抜くと根っこもいっしょに抜けて、初めてキャベツの根を見ることができました。収穫したキャベツをいくつか分けていただき、園に帰って改めてじっくり観察。「いい匂いがする」「葉っぱが何枚も重なっている」と子どもたち。食卓に上がる前のキャベツのことがよくわかりました。

収穫したてのキャベツでさっそくサラダを作りました

キャベツは、切って蒸し、豆と合わせてサラダにします。

今日の豆はレンズ豆、枝豆、黒豆、ひよこ豆の4種類。これらの豆をゆでて、蒸したキャベツと合わせて、ドレッシングをかけて混ぜ合わせます。

お釜で炊いたごはんをラップを広げた手のひらにのせてもらい、大きなおむすびを握りました。ふだんはあまり量を食べられない子も、大きな口をあけて「おいしいおいしい」とよく食べ、豆が苦手な子も、みんなといっしょに食べることができました。シンプルながら、栄養たっぷりの給食になりました。

16

京都ならではの食材を使ってクッキング

おやこでクッキング!

● 白みそクリームパスタ
● 白みそラスク

京にんじんは、ふつうのにんじんより色が赤いのが特徴。野菜を切ってゆでるとき、同じ鍋にパスタも入れてゆでてしまいます。

パスタは、子どもにも食べやすいよう半分に折って入れます。白みそに牛乳を加えてソースを作ります。

白みそを牛乳でのばしたペーストを、フランスパンに塗ります。

初めての味に「おいしい!」を連発。あっという間に完食しました。

京野菜の水菜と京にんじんを具材に加え、京都の白みその甘味とこくをいかした味つけの番組オリジナルパスタを作りました。白みそに牛乳を加えてトロトロに煮たソースを作り、ゆであがった野菜とパスタにからめればできあがり! ほんのり甘い白みそのパスタに、子どもたちは大喜び。参加したお父さん、お母さんも、「白みそとパスタって合いますね」と新しいレシピとの出会いに大満足。「家でまた作ろうね」と親子で話す姿がありました。

白みそクリームパスタ・白みそラスクのレシピは 21 ページ

できあがり

食育アイデア

みそのことをもっと知ろう①
～みその味比べをしてみよう～

「赤みそ」「白みそ」「米みそ」「麦みそ」など、同じみそでもいろいろな味があります。いろいろなみそを味見して、みそに興味を向けてみましょう。

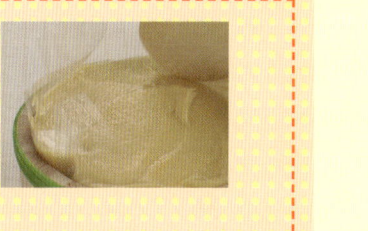

活動内容

- みそについて話してみよう
  「みそを使ったお料理って何がある?」
  「どんなみそがあるのかな?」
  「いろいろなみそがあることを知ってる?」など

- いろいろなみそを紹介しよう
  2、3種類のみそを用意して、味見してみましょう。
  園での活動なら、家庭で食べているみそを少し持参してもらい、味比べをしてもよいでしょう。
  「どの味が好き?」
  「どんな味がする?」

② 具を作る

- フライパンを熱し、粗く刻んだたまねぎと鶏ひき肉を順に炒め、ひき肉の表面の色が変わったら塩、カレー粉を加えて香りが出るまで炒める。
- 下ゆでしてつぶしておいたじゃがいもを加えて混ぜ、ゆでたグリンピースも加える。

③ 皮に包んで揚げる

- 生地を4等分し、麺棒で直径14cm程度に薄く伸ばす。それぞれ半分に切る（8枚できる）。
- 端の部分に少量の水をぬって、円錐形を作り、中に②の具を入れる。
- 三角すい状になるよう貼り合わせ、やや低めの温度（160～170℃）の揚げ油で7～8分、きつね色になるまで揚げる。

POINT
●カレー粉の色を見たり香りを嗅いだり、スパイスがブレンドされていることを、子どもといっしょに確かめよう。

岩根保育園のお友達が作った
ころころ肉じゃが

「どうしてじゃがいもには土がついているのかな？」 そんな話題から入ってみましょう。

材料 大鍋1つ分(大人8人分程度)
- じゃがいも　5〜6個
- たまねぎ　2個
- にんじん　2〜3本
- いんげん　12本
- しらたき　1袋

＜肉団子用＞
- 豚ひき肉　300g
- 塩　小さじ2/3
- 片栗粉　大さじ3
- すりごま　適宜

＜煮汁＞
- だし汁　6カップ
- 砂糖　大さじ4程度
- しょう油　大さじ4程度

① 野菜類を切る

- じゃがいもは皮をむき、大きめに4～6等分にする。
- にんじんは1cm程度の輪切りにする。かたために下ゆでしてから、好きな型で抜く。にんじんの切れ端は細かく刻み、肉団子に加える。
- たまねぎは皮をむいて半分に切り、厚めのスライスにする。
- しらたきは湯通ししてから食べやすい長さに切る。
- いんげんはかために塩ゆでして冷水にとり、食べやすい長さに切る。

おやこでクッキング オリジナル春のレシピ

② 肉団子を作る

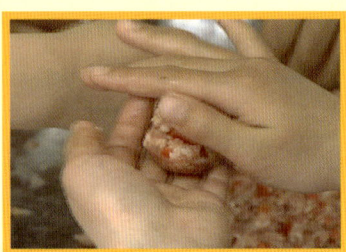

- 豚ひき肉に、刻んだにんじん、塩、片栗粉、すりごまを入れて手でよく混ぜる。
- 少量の水を手につけながら、一口大の団子状にする。
- 大鍋にだし汁を沸かし、肉団子を入れて沸騰させ、アクをすくい取って3分ほど煮てから、いったん肉団子を取り出しておく。

③ 煮て味をつける

- 切ったじゃがいもとたまねぎを②の鍋に加え、5分ほど煮る。
- 型抜きにんじん、しらたき、肉団子を鍋に加え、砂糖としょう油で味をつける。
- 15分ほど煮て、じゃがいもがやわらかくなったらいんげんを加え、軽く混ぜる。

POINT
●じゃがいもを包丁で切るときには、安定するように半分に切ってから子どもに渡す。
●にんじんの切れ端は肉団子に入れて無駄なく使う。

やまびこ保育園のお友達が作った お絵かきちらし寿司

春の食材をたっぷり使ってちらし寿司を作ります。食材の観察も大切にしたいですね。

材料（3〜4人分）
お絵かきちらし寿司
<寿司飯>
白米　2合
酢　大さじ3
砂糖　大さじ2
塩　小さじ1/2
<具材…混ぜ込み用と飾り用>
たけのこ　小1本
ふき　3〜4本
にんじん　小1本
干ししいたけ　3〜4個
<煮汁>
干ししいたけの戻し汁と、昆布とかつおのだしを合わせて　3カップ
しょう油　大さじ1と1/2
砂糖　大さじ1と1/2
塩　小さじ1/5
飾り用にきぬさや、粒コーン、刻みのりなど適宜
<さけでんぶ>
甘塩さけ　1切
酒　大さじ1/2

1 さけでんぶを作る
・甘塩さけの切り身をゆで、皮と骨を除き、身を細かくほぐす。
・酒をふりかけて、鍋で炒りつけてさけでんぶを作る。

2 ふきの下ごしらえ
・洗ったふきに塩をまぶしてこすり、たっぷりの湯で2〜3分ゆでる。
・冷水にさらしてから皮をむき、飾り用に長めに切る。混ぜ込み分は刻む。

3 たけのこの下ごしらえ
・ぬかを入れてやわらかく水煮にしてから、外皮をむく（姫皮は吸いものにするとよい）。
・穂先の部分を飾り用に切り、残りは刻む。

4 その他の具材の下ごしらえ
・にんじんと、水で戻したしいたけは、分量の2/3程度を飾り用に切り、残りは刻む。
・しいたけの戻し汁と昆布、かつお節の混合だし汁を合わせて、しょう油、砂糖、塩を加えて煮汁を作る。
・飾り用と混ぜ込み用の具材を別々に煮て冷ましておく。
・ゆでたきぬさや、コーン、刻みのりなどを、用意する（飾り用）。

5 寿司めしを作る
・酢、砂糖、塩を合わせて寿司酢を作る。
・炊きたてのごはんに寿司酢を振りかける。均等にゆきわたったらうちわなどであおいで冷ます。
・混ぜ込み用の具材を加える。

6 飾り用の具材を並べる

・バットにラップを敷き、飾り用の具材を"お絵かき"するように並べる。
・すきまを埋めるようにさけでんぶを広げ、その上に寿司めしを均等にのせる。
・ラップをかぶせ、手でぎゅっと押して平らにする（強く押しすぎない）。
・ラップをはずし、大皿をふせてのせ、ひっくり返す。

POINT
●できあがりの絵を想像しながら飾り用の具材を並べる。ひっくり返すと底の面が表になることを理解させるように声をかけて。

横浜りとるぱんぷきんずのお友達が作った インドのサモサ

粉をこねて皮を作ったり、皮に具を包む作業が子どもには楽しいレシピです。

材料（8個分）
<皮>
強力粉　50g
薄力粉　50g
塩　小さじ1/6
サラダ油　大さじ1と1/2
水　大さじ3弱
<具>
鶏ひき肉　50g
じゃがいも　小1個
たまねぎ　1/4個
グリンピース　大さじ1
カレー粉　小さじ1
塩　小さじ1/3
油、揚げ油　適宜

1 生地を作る

・2種の小麦粉（強力粉、薄力粉）と塩をボウルにふるい入れる。
・サラダ油と水を加えて、全体を手で混ぜ合わせ、耳たぶくらいのかたさ（ややかため）にまとめる。ビニール袋に入れて30分ほど生地を休ませる。

- 煮汁が少なくなるまで煮つめる。
- 冷まして煮汁を軽くしぼっておく。

2 ひじき煮を作る

- 乾燥ひじきを水に30分ほどつけてもどし、軽く水洗いする（長ひじきの場合は食べやすい長さに切る）。
- にんじん、油揚げを小さめに刻む。
- 鍋に油を熱してひじきを軽く炒め、だし汁、にんじん、油揚げ、砂糖を加えて煮汁が少なくなるまで煮る（約10分）。

3 たらこにんじんを作る

- たらこを袋から出し（スプーンを使うと出しやすい）、酒としょう油でのばしておく。
- フライパンに油を熱し、細い千切りにしたにんじんをしんなりするまで炒め、たらこを加え、たらこの色が変わるまで炒める。

4 炒り豆腐を作る

- 油を熱したフライパンに鶏ひき肉を入れ炒める。
- 鶏ひき肉の表面の色が変わったら豆腐を加え、豆腐をくずすようにして炒める。
- 砂糖、塩、カレー粉を加えてさらに炒め、最後に水溶き片栗粉を加えて、全体を混ぜ合わせる。

5 寿司めしを作る

- 酢、砂糖、塩を合わせて寿司酢を作る。
- 炊きたてのごはんに寿司酢を振りかける。均等にゆきわたったら、炒りごまを加え、うちわなどであおいで冷ます。

6 いなり寿司を作り、おかずをのせる

- ①の油揚げの両端を開き、袋状にして中に寿司めしを詰める。
- 三色のおかずを上にのせる。

POINT
- 野菜の惣菜や子どもの好きなおかずを自由にのせてみよう。
- 油揚げの中央部分は開いて、のり巻きの要領でいなり巻きを作ってもよい。

あおぞら保育園のお友達が作った いわしの磯辺揚げ

手間のかかる魚の下ごしらえも、子どもには楽しい作業です。

材料（6本分）
- いわし　小2尾（正味80g程度）
- みそ　小さじ1弱
- いりごま（白）　小さじ1弱
- 焼きのり　全型1枚
- にんじん（6cmの棒状）　6本
- さやいんげん　3本
- 小麦粉　大さじ3
- 水　大さじ3強
- 揚げ油　適宜

1 いわしを手開きする

- いわしは頭とはらわたを取り、きれいに水洗いする。
- 中骨の上に親指をすべらせるように入れて開き、中骨をとる。
- 腹骨を包丁ですきとった後、皮から身をはずす。
- 身を包丁で刻み、細かくたたく。

2 のりで巻いて油で揚げる

- ①に、みそ、いりごまを加えてよく混ぜ、すり身状にする。
- 焼きのり（全型を6等分する）を広げ、手前2/3に大さじ1程度の量を広げてのせ、下ゆでしたにんじんとさやいんげんを芯にして巻く。
- 水溶きした小麦粉の衣をつけて、180℃の油で2〜3分揚げる。

POINT
- 「口の中はどうなっている？」「体の色は何色？」など、魚の観察のポイントをしっかり伝えよう。
- いわしの身はやわらかいのでそっと扱うよう声をかけるようにする。
- 骨がどこにあるのか、指先の感覚をよく使って感じられるよう声をかけて。

椥辻保育園のお友達が作った 白みそクリームパスタ・白みそラスク

白みそは、コクのある甘さが特徴。牛乳で溶くだけで、簡単でおいしいソースができます。

材料（3〜4人分）
<白みそクリームパスタ>
- スパゲッティ　160〜240g
- 塩　ゆで湯の2%程度
- はくさい　2〜3枚
- じゃがいも　1〜2個
- にんじん　1/2本
- 水菜　1株
- 牛乳　400cc
- 白みそ　80g
- ちりめんじゃこ　大さじ3〜4
- 油　大さじ2

<白みそラスク>
材料（8枚分）
- フランスパン（薄切り）　8枚
- 白みそ　大さじ1と1/2
- 牛乳　大さじ1と1/2
- グラニュー糖　適量

① 野菜の下ごしらえ
- はくさいの葉は、かたい芯の部分とやわらかい葉先の部分に切り分ける。芯は細切りに、葉先はざく切りにする。
- じゃがいもは1cm角の棒状に、にんじんは5mmの厚さの半月切りにする。水菜は長さ2cmに切り、葉先のやわらかい部分を少量取り分けておく。

② 揚げじゃこを作る
- 小さめのフライパンに油を熱し、ちりめんじゃこを中火で炒めるように揚げる。
- 途中で火を弱め、焦がさないようにかき混ぜ、カリカリになったらキッチンペーパーの上に取り出し、油切りをする。

③ 白みそソースを作る
- 大きめの鍋に牛乳を入れ、白みそを溶かして火にかける。
- 沸騰したら中火にして、2/3くらいの量になるまで煮詰める。

④ パスタと野菜をゆでる
- ③とは別の鍋にたっぷりの湯を沸かし、塩を加える。じゃがいも、にんじん、はくさいの芯（かたい野菜）を入れ、再沸騰したらスパゲッティを食べやすいように半分に折って入れる。
- スパゲッティがゆであがる1分ほど前に、はくさいの葉先と水菜（すぐに火が通る野菜）を加える。
- 30秒ほどしてはくさいがしんなりしたら、ザルにあげて水気を切る。

⑤ 白みそソースと和える
- 白みそソースの鍋にゆでたスパゲッティと野菜を加え、全体を混ぜ合わせる。
- ソースがなじんだら器に盛りつけ、残ったソースは上からかける。
- 取り置いていたはくさいの葉先と水菜を飾り、揚げじゃこを好みの量ちらす。

⑥ 白みそラスクを作る
- フランスパンは5mm程度の厚さの輪切りにして、150℃のオーブンで10分ほど焼き、乾燥させておく。
- 白みそを牛乳でのばして白みそペーストを作り、フランスパンに塗る。グラニュー糖を軽くふりかけ、130度のオーブンで、焦がさないように10分ほど焼く。

POINT
- いも類、野菜がたっぷり入るので、パスタの量はやや少なめに。
- 春の山菜、夏野菜、秋のきのこ、冬の根菜など、季節によって野菜の工夫を。
- 白みそペーストの代わりに、ハチミツやジャム、メープルシロップなどでも。

みつばさ保育園のお友達が作った 三色いなり寿司

季節の食材や、園で収穫した食材を使ったおかずをのせれば、オリジナルないなり寿司ができますね。

材料（12個分）
- 米　1.5合
- 寿司酢（酢大さじ1と1/2、砂糖大さじ1と1/2、塩小さじ1/3）
- 白ごま　大さじ1〜2
- 油揚げ　6枚（使用するのは両端のみ）
- 煮汁（だし汁2カップ、砂糖大さじ1と1/2、しょう油大さじ1）

<ひじき煮>
- 乾燥ひじき　10g
- 油揚げ　1/3枚
- にんじん　2cm程度
- 油　小さじ1
- 煮汁（だし汁1と1/2カップ、砂糖大さじ1、しょう油大さじ1）

<たらこにんじん>
- にんじん　小1/2本
- たらこ　1/2腹
- 油　小さじ1
- 酒　小さじ1
- しょう油　小さじ1/2

<カレー風味の炒り豆腐>
- 木綿豆腐　1/2丁
- 鶏ひき肉　30g
- 油　小さじ1/2
- 味つけ（砂糖小さじ1、塩小さじ1/3、カレー粉小さじ1/2）
- 水溶き片栗粉（片栗粉小さじ1、水大さじ1）

① 油揚げを煮る

- 油揚げを熱湯につけて油抜きをし、粗熱がとれたら油揚げの両端を袋状になるように長さ1/4の位置で切る。
- だし汁、砂糖、しょう油で煮る。落としぶたをして、途中で上下を入れかえながら、

★ 食育基礎知識1 ★

身支度・手洗い

調理を始める前に、衛生面・安全面について、子どもたちにしっかり伝えていきましょう。

身支度

- エプロンの着脱は自分でできるようにしましょう。
- 三角巾か帽子をかぶり、できるだけ髪が出ないようにする。
- 長い髪はまとめる。
- 長袖のときはひじまでまくる。
- 爪は短く切る。
- エプロンをする。

手洗い

調理の前には、ていねいに手を洗いましょう。

水で手をぬらし、石けんをつける。

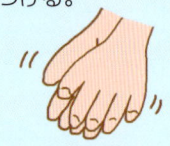
手のひらを洗う。

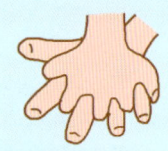
指の間を洗う。

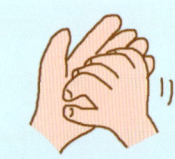
指先と爪の間を洗う。
手の甲を洗う。

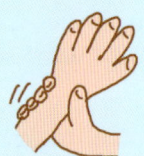
手首を洗う。

石けんを流したら、指の間までしっかりふく。

※それぞれの園の方法でかまいません。

保育者の管理

安全で楽しく食体験ができるよう、環境設定にも配慮が必要です。

- 包丁などの危険な道具を使うときは、大人が必ずついて行う。
- まな板や包丁などの調理器具は、衛生的なもの（消毒・殺菌したもの）を使用する。
- いくつかのテーブルを使うときは、間隔を広めにとる。
- 道具の扱いについては、危険を子どもたちにしっかり伝える。
- テーブルや机をビニールクロスで覆って調理台にする場合は、クロスをビニールテープなどでしっかり固定する。

22

夏

6月〜8月放映分

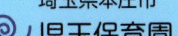

埼玉県本庄市
児玉保育園
食事は、食べきれる量を自分で注文

東京都江戸川区
船堀中央保育園
季節を感じる生活で食の"旬"を知る

神奈川県横浜市
わくわくの森保育園
だしにこだわった給食で味覚を育てる

鳥取県米子市
仁慈保幼園
食育活動のテーマを決めるのは子どもたち

東京都墨田区
杉の子学園保育所
おなかをすかせて食べる経験を大切に

愛知県名古屋市
大の木保育園
力士との出会いがきっかけ。給食にちゃんこ鍋

summer

食事は、食べきれる量を自分で注文

埼玉県本庄市 児玉保育園

「楽しく食べられる子になってほしい」というのが、児玉保育園の掲げる食育の目的。活動を通して、子どもたちの食べる意欲が確実に育まれています。

食事は、年長組が盛りつけ係。自分で食べきれる量を注文するシステムですが、友達といっしょに食べているうちに、しだいに好き嫌いはなくなっていきます。

今日のおやつは、野菜たっぷりのお好み焼き。自分の好きな具材をのせて焼きます。

園庭や畑で、たくさんの野菜を育てています。

外で食べると、「おいしい」の声がいつもより大きな声で聞こえます。

> 自分で食べきれる量が注文できることで、食への意欲へつながっています。また、栽培して、調理し、食べる経験をすることで、食への興味も増しています。さらに、食べものと体の関係や、食べものの流通など、食べること全般を学んでほしいと思っています。
> 主任・高橋雅江先生

栽培や収穫、調理の経験から、栄養や体への興味に広げています

梅の木やさくらんぼの木があったり、畑ではなすやトマト、パセリなどが育てられていたりと、園の敷地には食べられるものがたくさんあります。

そんな、野菜の生長や、果実の実る様子が間近にある環境も、子どもの食べる意欲を育む食育活動のひとつです。実際に食べるものを育てたり、収穫したり、調理したりするだけでなく、食べものの栄養を知り、さらにそこから体のしくみを知るといった、幅の広い食育活動を行っています。

食事は、子どもが食べたいものを食べたいだけ盛りつけ

食事は、自分で食べきれる量、ちょうどいい量を、「いっぱいですか、ちょっとですか」「いっぱいです」などと、保育者や友達とやりとりをして注文できるシステムです。

「自分の決めた量を食べることができた」という自信から、苦手なものでも、少しは食べてみようと思うようになります。このシステムにしてから、残食は、ほとんどなくなりました。

さらに一人ひとりが、食への意欲向上につながるよう、栽培やクッキング、お手伝いなどの活動を展開しています。

おやこでクッキング！
本庄市の郷土料理「つみっこ」をアレンジしました

つみっこの色づけに用意した野菜は、さつまいも、かぼちゃ、にんじん、えだまめ、ながいも、じゃがいもの6種類。

一人で包丁を使える子も。すっかり慣れた手つきです。

練る感触は、まるで粘土のようです。

● カラフルつみっこ

「つみっこ」は、小麦粉団子のこと。肉や野菜の入ったしょう油味のだし汁に、この「つみっこ」を入れたのが、本庄市の郷土料理です。

本来は白い団子ですが、今回は、野菜をいっしょに練り込んで、番組オリジナルの「カラフルつみっこ」を作ることにしました。子どもたちはそれぞれ自分の好きな野菜を選び、ゆでてつぶしたり、すりおろしたりして、小麦粉に混ぜ、「つみっこ」を作ります。

「うちで作るつみっこにも、今度から野菜を入れてみようと思います」と、お母さん。肉や野菜を煮込んだ出し汁に「つみっこ」を加えて、色どり豊かな栄養満点の一品ができました。

カラフルつみっこのレシピは **36** ページ

できあがり

食育アイデア

小麦粉を使った料理をしよう

小麦粉の料理は、「さらさら」「べとべと」「こねこね」など粉の変化が、粘土遊びのように楽しくできます。ホットプレートや鍋を囲みながら、料理してみましょう。

活動内容

- 小麦粉を使った食べものにどんなものがあるか話してみよう
 （パン、うどん、スパゲッティ、クッキー、ケーキ、お好み焼き、たこ焼きなど）

- 小麦粉を使った料理をしてみよう
 「カラフルつみっこ」（レシピp.36参照）
 「わくわく！宝袋」（レシピp.55参照）

小麦が収穫できる地域では、地元産の小麦粉を使った伝統料理があるかもしれません。

ミニ知識　小麦粉を使った料理

ほかにも、日本各地に小麦粉を使った料理がたくさんあります。

長野県＝おやき　　大阪府＝たこ焼き
山梨県＝ほうとう　東京都＝もんじゃ焼き
広島県＝広島焼き

つまむように入れるこの作業から、「つみっこ」と呼ばれるそうです。

季節を感じる生活で食の"旬"を知る

東京都江戸川区 **船堀中央保育園**

実のなる木に囲まれた園で過ごしながら、季節を感じ、子どもたちに旬の食べもののおいしさを伝えることを大切にしています。

旬の野菜を観察します。「きゅうりはどんな感じ?」と保育者がたずねると、子どもたちから口ぐちに「ぼつぼつがあって、痛い!」「いい匂いがする」などの答えが返ってきました。

この日の手伝いは、グリンピースのさやむきです。

グリンピースがどんなふうにスープになるのか、作り方を見せてもらいます。これも、食べる意欲につながる経験です。

グリンピースのスープ、おいしい。

> 園庭には、実のなる木がたくさんあります。「もうすぐ実がなるかな」とか、「もうすぐ食べられるかな」とか、季節を感じながら生活してほしいと思っています。また、屋上の畑では、旬の野菜を育てて収穫するという体験をさせています。
>
> 園長・菊地まこと先生

季節の食材をたっぷり観察。食材への興味を高めます

「これは、春から夏の季節においしい野菜です」と、かごにのせたトマトやピーマン、きゅうり、アスパラガスなどの旬の野菜を子どもたちに見せました。

まずは、それらの野菜を手に取って、触ったり、匂いを嗅いだり、じっくり観察タイムです。

「夏は暑いでしょ? この野菜を食べると、体を涼しくしてくれるんだよ。だから、いっぱい食べようね」と話す保育者。このような話からも、子どもの食べる意欲が引き出されます。

下ごしらえの手伝いで給食を食べる意欲もアップ

今日の給食の手伝いは、季節の野菜、グリンピースのさやむきです。まわりのさやをむいて、中から豆を出しました。

子どもたちがむいたグリンピースは、新たまねぎとじゃがいも、牛乳といっしょになって、おいしいスープになりました。

「このスープ、みんなにむいてもらったグリンピースが入ってるんだよ。どう? おいしい?」という保育者の問いかけに、「うん! おいしい!」と元気に答える子どもたち。下ごしらえに関わるだけでも、子どもの食べる意欲は十分高まります。

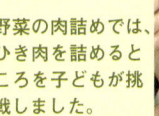

親子で「お子さまランチ」を作りました

おやこでクッキング！

- にんじんライス
- 野菜の肉詰め
- 新じゃがとアスパラガスのサラダ（豆腐ドレッシング）

にんじんライスは、といだお米にすりおろしたにんじんと塩とオリーブオイルを加えて、炊飯器で炊きます。にんじんをすりおろすのは子どもが担当しました。

野菜の肉詰めでは、ひき肉を詰めるところを子どもが挑戦しました。

豆腐をミキサーにかけて、ドレッシングを作り、新じゃがとアスパラガスにかけます。

食べるのがもったいないくらいかわいらしい「お子さまランチ」ができました。

園の給食では、月に一度、「お子さまランチ」が登場します。子どもたちに大人気のこのメニューを、「おやこでクッキング」の番組で作ることになりました。3種類のメニューを用意し、お皿に好きなように盛りつけます。親子で楽しく相談しながら盛りつけ、ごはんの上に自分で作った旗を立ててできあがり。「ちょっとした遊び心をプラスするだけで、よく食べますね」とうれしい発見をしたお母さん方でした。

食育アイデア

「お子さまランチ」風プレートを作ろう

ワンプレートに、子どもが自分で盛りつける機会を作ってみましょう。

活動内容

- 大きなお皿に、ごはんやおかずを盛りつけてみよう。

（船堀中央保育園の例）
- 大きめの皿を用意する。
- カップに型抜きしたにんじんを入れ、にんじんライスを詰めて、皿の好きな位置にひっくり返す。
- せん切りレタス、トマトなどを添えながら、新じゃがとアスパラガスのサラダ、野菜の肉詰めを彩りよく盛りつける。

※折った紙に楊枝をはさみ込み、好きな絵を描いた旗を立てると楽しい。

どの子も大満足のできあがり。

野菜の肉詰めのレシピは **37** ページ

できあがり

だしにこだわった給食で味覚を育てる

神奈川県横浜市 **わくわくの森保育園**

園舎の中央に給食室がある環境で、子どもたちはいつも調理する音や匂いを感じながら生活しています。調理の下ごしらえの手伝いは、やりたい子が集まって行います。

給食室は保育室のすぐ横。保育室のテーブルで、煮干しの頭を取る子どもたち。

かつお節を売っているお店を見学。

わくわくしながら通ってほしいという願いを込めて『わくわくの森保育園』と名づけました。食べものにも興味をもってほしいので、園庭の畑できゅうりやトマトなどの野菜を育てています。畑に水をやるのは、子どもたちの担当です。

園長・楠本敦子先生

特別に味見をさせていただいたところ、「かむとどんどん味が出る！」という声も。

調理のお手伝いには、たくさんの子どもが集まります

給食室は園舎の中央にあり、ガラス越しに、調理をしている様子がよく見えます。音も聞こえ、おいしそうな匂いも漂ってきます。そんなふうに日々、給食作りを身近に感じながら暮らしている子どもたちですから、給食の下ごしらえの手伝いにも積極的に参加します。

自由遊びの時間、保育室にテーブルを出して、「やりたい子だけ、どうぞ」と煮干しの頭を取る作業をお願いしたときにも、たくさんの子どもたちが集まってきました。

かつお節のお店を見学して、ますます"だしの味"が大好きに

だしにこだわっているわくわくの森保育園。今回、煮干しやかつお節を届けてくれるお店に見学に行くことにしました。

保育者が「いつもだしに使っている、けずり節のもとはどれかな？」と問いかけると、「これ！」と、黒くて硬いかつお節を指さす子どもたち。どうやら匂いでわかったようです。その後、かつお節を専用の機械で削る様子を見せてもらってから、1本ずつ削らせてもらいました。

かつお節の不思議をしっかり学んで、だしにこだわった給食がますます大好きになった子どもたちです。

食育アイデア

"うま味"を子どもに伝えよう

子どもたちをいろいろな味に出会わせて味覚を育てることも大事な食育です。園や家庭で、日本のうま味を、子どもたちに経験させましょう。

活動内容

・数種類のだしをとって味や匂いを比べてみよう

味には、甘味・酸味・苦味・塩味・味覚・うま味という6つがありますが、日本のうま味は、かつお節や昆布、煮干しや干ししいたけなど、自然物から取っただしの味です。

できればコトコトとだしを煮る中で、部屋に匂いが広がるところから経験させましょう。

いろいろなだしがあることをまずは伝えたいですね。

だしによって色や香りが違うことを試してみましょう。

※「うま味たっぷり汁そうめん」のレシピ（p.37参照）に、かつお節や昆布、煮干しなどのそれぞれのだしの取り方を紹介しています。

※手軽なうま味調味料が市販されていますが、それは自然物から取ったうま味に比べて味が強く、その味に慣れてしまうと、自然物のうま味をおいしく感じることが難しくなりますから気をつけましょう。

おやこでクッキング！
だしにとことんこだわったクッキングに挑戦

● うま味たっぷり汁そうめん

引き出しをあけるとけずり節になっていてびっくり。

けずり節はあつあつのお湯に入れて、煮干しは水から煮出してと、それぞれだしを取ります。

自分たちで切った具材を、ゆでたそうめんの上にカラフルに並べました。

用意されていたのは、けずり節、昆布、干ししいたけ。まずはそれぞれの方法で4種類のだしを取り、味や匂いを比べました。これには、番組に参加したお父さんお母さんも興味津々。親子でうま味を確認してから、つゆを作りました。

次に、わかめやきゅうり、錦糸卵など、そうめんにトッピングする具材を準備。包丁を使って切る作業では、初めての子もお父さんやお母さんに手伝ってもらって、上手に切ることができました。

うま味たっぷり汁そうめんのレシピは37ページ

できあがり

食育活動のテーマを
決めるのは子どもたち

鳥取県米子市 **仁慈保幼園**

「これをやろう」と頭から保育者がテーマを与えないのが仁慈保幼園の保育。食育活動も、子どもたちの興味と自主性を重んじながら、異年齢グループで活動します。

子どもたちが、あんずのジャムの作り方も調べます。

買いものも自分たちで。どれを買うのか、何パック必要なのかも自分たちで考えます。

あんずの軸の部分を取り除いたあと、半分に切って種を取り出しました。鍋に入れて、2種類の砂糖をかけて少しの間、おいておきます。

> 子どもが生活の中でもった興味や関心を広げられるような活動をしていきたいと思っています。たとえば、うちの園は中海の近くにありますが、そこで見た釣りに興味をもったら、自分たちで工夫して釣りをしてみるというようなことです。食に関することも、興味をもって、調べて、広げて、自分たちのものにしてほしいと思っています。
>
> 園長・妹尾正教先生

おやつタイムには、食パンにつけて、パクリ。

水分が染み出てきたら、火にかけて温めると、しだいにあんずはトロトロに。

あんずジャム作りも、子どもの興味から広がったテーマです

夏みかんやいちごなどの果物で、ジャム作りを経験してきた子どもたち。今回は、あんずジャムに挑戦しました。

あんずのジャムを作ろうと決めたのは子どもたちで、その理由は、園庭のあんずの実を食べたことがあり、甘酸っぱいこの実なら、きっとおいしいジャムができるに違いないと考えたから。

子どもの意思や自主性を尊重して活動内容を決める、この園ならではの保育が生きている場面です。保育者といっしょに、あんずジャムの作り方をばっちり研究して臨みました。

ジャム作り当日は材料の買い出しからスタート

園庭のあんずは、ほかのクラスと分けて少なくなったので、今回のジャム作りでは、足りないあんずと必要な材料をスーパーで買ってくるところからスタート。

火にかけて煮込むところでは、しだいにトロトロになっていくあんずに興味津々。あくとりをしながら煮込んだら、おいしいジャムができあがりました。

できたてのジャムをパンに塗って、さっそく試食。自分たちで作ったおやつの味に、大満足な子どもたちでした。

おやこでクッキング！

地元自慢の"いか"を使って二品のいか料理を作りました

まずはいかをじっくり観察。「足は10本もあるね」「足の間に口があるんだ」などと、いろいろな発見をしました。

いかの下ごしらえにも挑戦。内臓を引き出し、足を切り開いてから、足の吸盤をしごいて取ります。きれいに洗ったら、下ごしらえ完了。

食育アイデア

いかやたこを観察しよう

食材としては子どもにも身近ないかやたこは、形や色、匂いや感触が、なんともいえずおもしろい生き物です。食材への興味を高める食育活動にぴったりです。

活動内容

・**いかやたこについて話してみよう**
「いかの足は何本かな？」
「じゃあ、たこは？」
「全部足なのかな？　手はないのかな？」など

・**よく見てみよう**
いかやたこ、どちらでもいいので、触ったり、匂いを嗅いだりしながら、じっくり観察する機会を作りましょう。

じっくり観察した後は、絵に描いたり粘土で製作したりしてみるのもよいでしょう。いきいきとした作品ができあがるはずです。
そして、給食室に持っていき調理をしてもらい食べるのは、まさに命をいただく経験です。

中に詰めるごはんは、子どもにも食べやすいカレー味とトマト味。お母さんと協力して、いかのおなかにごはんをギュッギュッと詰めていきます。

地元＝米子で、とくにおいしいのが、「いか」。今回はするめいかを使います。
いかにごはんを詰めるところでは、お父さん、お母さんといっしょにチャレンジ。「もうちょっと詰められそう」「ギュッと押してごらん」などと話しながら、ごはんをいっぱい詰めました。
もう一品は、「いかげそのシューマイ」。子どもたちは種を皮で包んだり、えだまめやコーンをトッピングしたりと、大活躍しました。

● いかごはん
● いかげそのシューマイ
● 白ねぎスープ

いかごはんのレシピは **38** ページ

できあがり

おなかをすかせて食べる経験を大切に

東京都墨田区 **杉の子学園保育所**

園庭がなくても、サマーキャンプやベランダ菜園などの活動を通して、食育活動を充実させています。

ベランダでは、ピーマンやミニトマト、さやいんげんなどを育てています。

夕食のカレーライスに入れる野菜を包丁で切ります。園の「調理活動」で体験しているから、包丁もなかなか上手に使えます。

長い山道をたっぷり歩くと、おなかがぺこぺこになります。

かまどで炊くごはんに興味津々。

おいしいカレーライスができました。「うーん、うまい！」「すごくおいしい！」という声がそこここで上がります。おかわりをして、おなかいっぱい！

> うちの園には園庭がありません。子どもたちが自然に触れ合う機会が少ないので、ベランダでさやいんげんやミニトマトなどの野菜を育てています。また、年長組は毎年、サマーキャンプに行きます。キャンプでは、野生に返って、思う存分自然と触れ合って遊びます。
> 園長・長田守民先生

山登りのあとのお弁当で"格別の味"を知る子どもたち

年長組の恒例行事、サマーキャンプは、少しでも自然の中での生活を味わってほしいという考えから実施しています。向かう先は、筑波山にある杉の子学園の山の家。まずは、山登りに挑戦します。「この山をみんなで登ります」と、園長先生。岩だらけのかなりきつい山道ですが、「おれ、登れる！」と言う子もいて、なんとも頼もしい子どもたちです。

目的地に着いたら、いよいよお弁当の時間です。お母さんが作ってくれたおにぎりやサンドイッチにかぶりつきます。

思いきり体を動かしたあとに食べるお弁当が格別だということを、心から感じる瞬間です。

たっぷり遊んだあとはカレー作りに挑戦

山登りや虫探しと、自然の中でたっぷり遊んだあとは、夕食のカレー作りに挑戦します。ごはんはかまどで炊くのですが、珍しそうにかまどに見入る子どもたちに、「昔は、こうしてごはんを炊いていたんだよ」と、保育者。

ぺこぺこのおなかと、みんなで作ったことと、みんなで食べる喜びがいっしょになって、最高においしいカレーライスになりました。

「こねればこねるほど、おいしくなるんだよ」という保育者の声に、子どもたちは一生懸命こねこね。

おやこでクッキング！

ベランダ菜園の野菜を使ったレタス包みのごはんバーガー

食べやすいように、四角く平らな形にします。ラップで包めば形を作りやすい。

最後にオーブンペーパーで包み、リボンで結べば、ちょっとおしゃれなできあがり。

生の野菜が苦手な子も、大きな口でガブリ。こうすれば野菜もたくさん食べられます。

食育アイデア

ハンバーガーを作ってみよう

子どもたちがよく食べるハンバーガーだからこそ、実際に作って、どんな材料でどう作られているのか、それを知るのも大事な食育です。

活動内容

・ハンバーガーについて話そう
「みんなの大好きなハンバーガーって、どこの国の食べものか知ってる？」（答え　アメリカ）
「じゃあ、中にはさんだハンバーグは、どこの国の食べものかな？」（答え　ドイツ）

・ハンバーガーを作ろう
パンをちぎったり、肉をこねたり、形を作ったり、ハンバーグ作りには、子どもが大好きな作業がたっぷりあります。バーベキュー用の鉄板で、ハンバーグやバンズを焼くアウトドアクッキングとしてもおすすめです。

ミニ知識　ハンバーグの由来

ソ連のタタール地方で食べられていたタルタルステーキが由来で、牛肉を細かく刻んだものを生で食べるものです。それがドイツに伝わり、焼いて食べる料理になったのがハンバーグステーキです。このハンバーグステーキがドイツからアメリカに伝わり、パンにはさんだハンバーガーが生まれたと言われています。

今回の「おやこでクッキング」では、まず、子どもたちが育てている野菜を、お父さん、お母さんに見てもらいました。「すごいねー」という感嘆の声に、誇らしげな子どもたち。野菜たっぷりのハンバーグには、この菜園のピーマンも使います。ハンバーグの種をこねたり、形を作ったり、焼いたハンバーグとごはんをレタスでくるんだり、どれも手際よく調理する子どもたち。その姿に、「ふだんから調理活動をしているおかげですね」と目を細めるお父さん、お母さんでした。

●レタス包みのごはんバーガー
●野菜のベーコン巻き

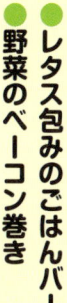

レタス包みのごはんバーガーのレシピは39ページ

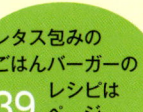

できあがり

力士との出会いがきっかけ。
給食にちゃんこ鍋

愛知県名古屋市 **大の木保育園**

野菜や米の栽培など、食育に力を入れている中で、大相撲夏場所が開かれる名古屋ならではの特色を食育活動にも取り入れています。

力士といっしょにちゃんこ鍋をもりもり。ちゃんこ鍋とは、おすもうさんの食事のこと。いろいろな野菜と肉を入れて、うま味たっぷりのだし汁で煮込む、栄養満点のお料理です。

おすもうさんとの取り組みは、大盛りあがり。声もたくさん出しながら、体をいっぱい使います。

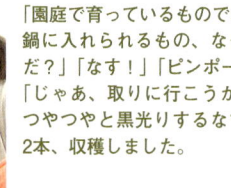

「園庭で育っているもので、お鍋に入れられるもの、なーんだ?」「なす!」「ピンポーン」「じゃあ、取りに行こうか」。つやつやと黒光りするなすを2本、収穫しました。

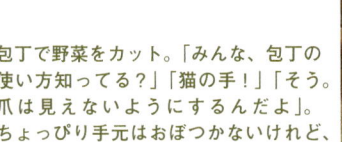

包丁で野菜をカット。「みんな、包丁の使い方知ってる?」「猫の手!」「そう。爪は見えないようにするんだよ」。ちょっぴり手元はおぼつかないけれど、真剣な表情で、野菜を切ります。

大きな家庭をイメージし、異年齢保育を実践しています。食育にも力を入れており、野菜や米などは種をまくところから育てています。ときには鳥などに食べられてしまうこともありますが、命をいただくとはどういうことかを感じとってもらうには、それもよい経験です。

園長・牧野彰賢先生

おすもうさんといっしょにちゃんこ鍋をもりもり

毎年、夏の夕涼み会に、本物のおすもうさん(力士)を迎え、いっしょに過ごす機会を作っています。

園庭に、おすもうさんがやってくると、子どもたちは大喜び!さっそく、「はっけよい、のこった!」と取り組み!?が始まります。でも、子どもたちが数人かかっても、おすもうさんはビクともしません。なんどもおすもうさんに挑戦しながら、体をたっぷり動かせば、おなかはぺこぺこに。そこでお楽しみの「ちゃんこ鍋タイム」です。

ちゃんこ鍋作りを手伝いました

給食ではおなじみのちゃんこ鍋ですが、今回は、子どもたちも、調理の手伝いをすることになりました。

園庭で育てているなすも入れて、野菜たっぷりに仕上げます。みんなで力を合わせて、たくさんの野菜の切りました。

子どもたちの切った野菜と、油揚げやお肉など、いろいろな材料といっしょにぐつぐつ煮込んでもらったら、おいしいちゃんこ鍋のできあがり!

野菜が苦手な子も、自分で切った野菜が入っているので、残さずたっぷり食べました。

おやこでクッキング！

名古屋名物「天むす」作りを初体験しました

保育室に登場したえびに、子どもたちは大喜び。「お料理する前のえびは茶色なんだね」「しっぽのところが青や緑に光っているね」などなど、えびに興味津々です。

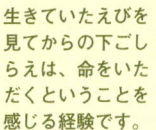

生きていたえびを見てからの下ごしらえは、命をいただくということを感じる経験です。

小さな手いっぱいにごはんをのせて、大きなおにぎりを作りました。

最後にのりを巻いてできあがり。お店に出してもおかしくないほどのできばえに大喜び。

● 名古屋名物天むす

メニューは、名古屋名物の「天むす」。えびの天ぷらを具にしたおにぎりです。最初にえびの天ぷら作り。下ごしらえからえびをこわごわ触る子どもたちに、お母さんからは「生きているえびを見てから調理をするという経験は大事ですね」という声も。揚がったえびを、温かいごはんにのせて、子どもとお母さんそれぞれに、「天むす」を握り、みんなでワイワイ楽しくいただきました。

名古屋名物天むすのレシピは **39** ページ

できあがり

食育アイデア

「おかずおにぎり」を作ってみよう

名古屋の天むすは、おにぎりに天ぷらが入っていて、おかずとごはんが一度に食べられる、日本版のファストフード。ハンバーガーと同じ発想です。
園や家庭でも、子どもが好きなおかずを具にしておにぎりにする、「おかずおにぎり」を作ってみましょう。

手順

❶ ごはんと、何品かのおかずと、のりを用意する。

❷ ラップを広げてのりをおき、その上にごはんを広げる。

❸ ごはんの真ん中におかずをおき、ラップごとくるんでギュッと絞る。

※おかずは、あまり汁気の多いものは避けます。おすすめは、ミニハンバーグや卵焼き、ポテトサラダ、肉じゃが（汁を切る）など。

おやこでクッキング オリジナル 夏のレシピ

児玉保育園のお友達が作った カラフルつみっこ

サラサラの小麦粉がベトベト〜モチモチに変わっていくのを楽しみましょう。

・ボウルに鶏と豚のひき肉、豆腐、刻んだたまねぎ、塩、こしょう、片栗粉を入れて、ねばりが出るまでよく混ぜる。

③ 肉を詰めて焼く

・野菜の型の内側に片栗粉を薄くまぶし（中身がはずれにくくなる）、②を詰める。
・熱したフライパン（またはホットプレート）に並べ、ふたをして弱〜中火で3〜4分、こんがり焼き色がつくまで焼く。
・裏返して再びふたをして3〜4分焼き、中まで火を通す。

POINT
●輪切りにして型抜きできる野菜なら応用可能。火の通りにくい野菜は下ゆでするなどの工夫をする。

材料（5〜6人分）
＜基本の生地＞
薄力粉　240g
水　160cc
※混ぜ込む食材の数によって等分する
混ぜ込む食材
かぼちゃ、さつまいも、じゃがいも、えだまめ、にんじん、やまいもといりごまなど
※基本の生地に対して半量が目安
＜スープ＞
だし汁　6カップ
しょう油　大さじ2
みりん　大さじ2
塩　小さじ3／5
＜具材＞
豚薄切り肉　200g
だいこん　5cm幅程度
にんじん　1本
長ねぎ　1本
さやいんげん　8本
しいたけ　2〜3枚
しめじ　小1／2パック
水菜　適宜

① 生地に混ぜ込む食材を下準備する

・かぼちゃは蒸して、皮から黄色い部分をはずし、つぶす。
・さつまいもは皮ごと蒸して小さく切る。
・じゃがいもは蒸して、皮をむいてからつぶす。
・えだまめはゆでてさやからはずし、すりつぶす。
・にんじんとやまいもは皮をむいてすりおろし、やまいもにはいりごまを少々加える。

② 生地をこねる

・薄力粉と水を混ぜ合わせた基本の生地に、下準備をした野菜をそれぞれ混ぜ込んで、数種類の色の生地を作る。

③ スープを作る

・具材はすべて食べやすい大きさに切り、鍋にだし汁を沸かし、最初にだいこんとにんじんを入れてやわらかくなるまで煮る。
・しょう油、みりん、塩を入れて味つけをしてから、豚肉と長ねぎを加える。再び沸騰したらていねいにあくをすくう。

④ つみっこを加えて煮る

・手に水をつけながら、生地を大きめの一口大にちぎってやや平たく形作り、スープに入れる。
・さやいんげん、しいたけ、しめじを加えて3〜4分煮、つみっこに火が通ったら仕上げに水菜を加える。

POINT
●子どもはこねるのが大好き。大きめのボウルを用意して、思う存分こねさせよう。

36

わくわくの森保育園の お友達が作った
うま味たっぷり汁そうめん

だしにこだわって、チャレンジしたい一品です。

材料（3〜4人分）
そうめん　3〜4束
＜だし＞
かつお節、煮干し、昆布、干ししいたけなどのだし汁　合わせて4カップ
しょう油　大さじ1
みりん　大さじ1
塩　小さじ1/2
＜だしがらの佃煮用煮汁＞
だし汁　1/2カップ
砂糖、しょう油　各小さじ1

その他トッピングとして、きゅうり、トマト、わかめ、かまぼこ、錦糸卵、ごまなどを、好みで用意。

① だしをとる
- かつお節は、沸騰した湯の火を止めて入れ、7〜8分おいてから布巾でこす。
- 煮干しは頭と腹わたを除き、水にひたして火にかける。沸騰したらあくをすくいながら弱火で10分ほど煮てこす。
- 昆布は水にひたして中火にかけ、沸騰する直前に取り出す。
- 干ししいたけはさっと洗って水かぬるま湯にひたし、やわらかくなるまで戻す。

② 調味料を加える
- だし汁を合わせ、みりん（電子レンジで加熱してアルコールをとばす）、しょう油、塩を加え、熱い場合は粗熱をとっておく。
- 食べる直前に氷を入れて冷たくする。

③ 佃煮を作る
- だしをとったあとの材料を佃煮にする。かつお節は細かく刻み、昆布は細切り、干ししいたけは薄切り、煮干しは大きければ中骨を除く。
- すべてを鍋に入れ、佃煮用煮汁の材料を加え、弱火にかけて煮詰める。

④ そうめんをゆでる
- 鍋にたっぷりの湯を沸かし、そうめんをゆでる。沸騰して吹きこぼれそうになったらコップ1杯の「びっくり水」を加え、再び沸騰させる。
- ざるにあけて流水で冷やし、水気を切って器に盛る。

⑤ 盛りつける
- そうめんの上に好みのトッピングをのせ、②を注ぐ。

POINT
● 少なくとも2種類のだしをとり、それぞれのだしの味比べをしよう。

船堀中央保育園の お友達が作った
野菜の肉詰め

子どもたちの苦手な野菜がおいしいおかずに大変身するレシピです。

材料（4人分）
鶏ひき肉　50g
豚ひき肉　50g
木綿豆腐　1/3丁（100g）
新たまねぎ（粗みじん切り）　25g
塩　小さじ1/3
こしょう　少々
片栗粉　小さじ1
ピーマン　1cm幅の輪切り4片
新たまねぎ　1cm幅の輪切り1枚
にんじん　1cm幅の輪切り4枚

① 野菜を用意する
- にんじんは輪切りにして塩ゆでし、好きな型で抜く（外側を肉詰めに使い、内側は飾りに使う）。
- ピーマンは輪切りにして中の種を除く。
- たまねぎは輪切りにして、1枚ずつはずす（残った部分は粗いみじん切りにする）。

② 肉と豆腐を合わせる
- 軽くゆでて冷ました木綿豆腐を布巾に包み、しっかり絞って水気をとる（半量程度になるまで）。

仁慈保幼園の お友達が作った
いかごはん

あらかじめ炊いて味をつけたごはんを詰めれば、短時間で簡単にできあがり。

おやこでクッキング オリジナル夏のレシピ

材料（3～4人分）
するめいか（150ｇ程度のもの）　4杯
ごはん　1と1/3合
※するめいかの大きさに応じてごはんの量を加減する。
<カレー味>※ごはん2/3合に対しての分量。
塩　小さじ1/3
カレー粉　小さじ1/3
ブロッコリー（緑の穂先の部分）2～3房分
<トマト味>
※ごはん2/3合に対しての分量。
塩　小さじ1/4
ケチャップ　大さじ1
粉チーズ　小さじ1
ブロッコリー（緑の穂先の部分）2～3房分
<煮汁>
水　2カップ
コンソメスープの素（顆粒）　小さじ2
塩　小さじ1宜

① いかの下準備
・するめいかは胴から内臓とげそ、軟骨を抜き取り、きれいに水洗いし、水気をふき取っておく。（げそはいかごはんには使いません）

② 混ぜごはんを作って詰める
・ブロッコリーを小房にして塩ゆでし、緑色の穂先部分を切り落とす。
・カレー味、トマト味のごはんの材料を混ぜ合わせ、するめいかの胴に詰め、口を楊枝でとめる。

③ いかを煮る
・煮汁を沸騰させ、②のいかを入れて煮る。3分ほどしたら裏返し、さらに2～3分煮て取り出す。
・粗熱をとり、食べやすい大きさに切る。

POINT
● 「いかの足は何本あるかな？」「いかの目はどこかな？」など、クッキングを始める前に観察してみよう。
● いかは長く煮るとかたくなるので、火が通りすぎないように注意して。

---

③ ごはんを焼く
・ごはんに塩少々を混ぜ、薄く塩味をつける。
・8等分し、それぞれラップに包んで、形を作る（ハンバーグの形と同じにする）。
・ホットプレートに少し油をひき、ごはんを焼く。中火で薄く焼き色がつく程度（4～5分）焼いたら裏返し、両面を焼き上げる。

④ レタスで包む
・オーブンペーパーの上に水気を切ったレタスをのせ（好みでマヨネーズを少量つける）、その真ん中にごはん、ハンバーグ、ごはんの順に重ねてのせ、レタスで包む。
・オーブンペーパーで全体を包み、リボンで結ぶ。

POINT
● ホットプレートでの火傷には十分注意。
● 照り焼きソースの味もあるのでマヨネーズは少量に。

大の木保育園の お友達が作った
名古屋名物天むす

天ぷらの具材を工夫すれば、いろいろな天むすができますね。

材料（8個分…小4個・大4個）
ごはん　2合分
塩水（海水程度）　少々
焼きのり（おにぎり用）　8枚
＜天むすの具＞
えび（小）　8尾
鶏肉（ササミ、胸肉など）　80g
しょう油、塩、酒　各少々
えだまめ（塩ゆでしてサヤから取り出したもの）　大さじ4
ちりめんじゃこ　大さじ2～3
＜揚げ衣＞
だし汁　大さじ3
塩　小さじ1/4
片栗粉　大さじ1
薄力粉　大さじ3
青のり　小さじ1

揚げ油　適宜
佃煮　適宜

1　天ぷらの下準備

・えびは背わたと殻を除き、少量の塩と酒をふって下味をつける。
・鶏肉は1.5cm角程度に切り、少量のしょう油と酒をふって下味をつける。

2　衣をつけて揚げる

・揚げ衣の材料（青のり以外）を混ぜ合わせて衣を作る。えびに衣をつけ、180度に熱した油で揚げる（約1～2分）。衣に青のりを混ぜて、同様に鶏肉も揚げる。
・残った衣にえだまめとちりめんじゃこを混ぜ、スプーンですくって揚げる（かき揚げにする）。

3　天むすをにぎる

・海水程度の濃い塩水を手のひら全体につけてから、粗熱をとったごはんを大さじ山盛り1杯程度のせて広げる。
・②の天ぷらをその上にのせ、天ぷらの一部がはみ出すように包みこんでギュッとにぎる。

4　のりを巻いて盛りつけ

おにぎり用のりを縦1/3に細長く切る。V字になるように真ん中で折って巻く。

POINT
●天ぷらの具材は応用可能。具材を小さめに切って味つきの衣で揚げる。
●のりは細長く切り、おにぎりの側面にV字にあて、肩にかけるように巻きつけるとよい。

杉の子学園保育所の お友達が作った
レタス包みのごはんバーガー

作るのも食べるのも楽しい一品。アウトドアレシピとしてもおすすめです。

材料（3～4人分）
ごはん　1合分
塩　少々
鶏ひき肉　200g
ピーマン　小1個
にんじん　2cmくらい
塩　小さじ1/2
油　適宜
レタス　3～4枚
マヨネーズ　適宜
＜照り焼きソース＞
水　大さじ4
しょう油　大さじ1
砂糖　大さじ1
片栗粉　小さじ1

1　照り焼きソースと野菜の準備

・小鍋に水、しょう油、砂糖、片栗粉を入れて火にかける。かき混ぜながら沸騰させて、とろみがついたら火を止める。
・ピーマンは種を取って細かく刻む。にんじんも同様に細かく刻む。

2　ハンバーグを作る

・鶏ひき肉に、塩、片栗粉、ピーマン、にんじんを加え、ねばりが出るまでよく混ぜる。4等分し、それぞれラップに包んで、薄く平らに形作る。
・ホットプレートに油をひき、両面をこんがり焼いて、①の照り焼きソースをたっぷりからめる。

★ 食育基礎知識2 ★

子どもクッキングで使える
調理器具

いろいろな調理器具を取り入れ、名称も伝えながら、正しい使い方を伝えていきましょう。

※包丁とまな板の扱いについては、p.58で紹介しています。

すり鉢 すりこぎ

子どもの手に合う、小ぶりのすり鉢やすりこぎで、ごまをすったり、ごはんをつぶしたりしてみましょう。食材の形が変わることや、音への興味を向けるとよいでしょう。

フライ返し

食材をひっくり返すのは、ドキドキハラハラするおもしろい体験です。
ホットプレートで、ホットケーキやお好み焼きをひっくり返してもらいましょう。

ボウル 泡だて器

卵や、ホットケーキなどの生地を混ぜるなど、食材が変化する様子が楽しめます。利き手で泡だて器を持ったら、もう一方の手で、ボウルをしっかり支えることを伝えましょう。

おろし器

いろいろな形がありますが、固定式のものが子どもには扱いやすいです。
食材は子どもが持ちやすい大きさに切ってからすること。手をすらないよう、注意も忘れずに。

「セラミックおろし」（京セラ）
サイズ：160mm（直径）30mm（厚さ）
重さ：350g
本体材質：セラミック磁器

ピーラー

ピーラーの刃に触れないことを約束してから始めます。
野菜を台の上に置き、利き手の反対の手で押さえて行いましょう。

「セラミックピーラー」（京セラ）
サイズ：145×78×27mm
重さ：30g
本体材質：ABS樹脂　刃材質：ファインセラミックス

なべ

電磁調理器や卓上コンロを活用すれば、みんなでなべを囲み、目の前で、料理ができあがっていく様子が見られます。
熱くなったなべに、子どもが触らないよう注意します。

「セラミックなべ」（京セラ）
サイズ：200mm（内径）
容量：本体1.8ℓ／2.4ℓ
重さ：1460g／1680g
本体材質：ガラスセラミックス
ふた材質：陶器

「おやこでクッキング」の番組では、京セラのセラミック調理器具を使用しています。

※本ページに掲載の京セラ商品は、全国の百貨店・専門店・スーパー・ホームセンターなどでご購入いただけます。
また、インターネットサイトの「買い物市場」（http://www.kaimonoichiba.com/）からもご購入いただけます。

秋

9月〜11月放映分

fall

福岡県京都郡苅田町
❀ **青い鳥保育園**
食べものができるまでを
知る体験を大切に

千葉県千葉市
❀ **チューリップ保育園**
エコの心を食育にも。
生ごみは肥料に変えて活用

京都府京都市
❀ **御池保育所**
調理活動は、何を作るかも
自分たちで考える

群馬県高崎市
❀ **矢中保育園**
野菜を収穫したら、
その場ですぐに味見する

兵庫県神戸市
❀ **明照保育園**
食育は、感謝の心を
育てることから

山形県山形市
❀ **出羽保育園**
みんなで育てた米が
毎日の給食の主食

食べものができるまでを知る体験を大切に

福岡県京都郡苅田町 **青い鳥保育園**

自然に囲まれた環境に溶けこむかのように、園舎も、子どもの手が触れる場所には本物の木材を使用。子どもたちは自然のぬくもりを肌で感じながら成長しています。

米みそ工場で、みその材料を見せてもらいました。どのようにおいしいみそになるのか、興味津々の子どもたちです。

この日の給食は、具だくさんのみそ汁。自分たちで収穫したねぎもたっぷり入れました。

> 園庭では、どんぐりの苗木を育てています。これは、拾ってきたどんぐりの実を育てて、苗木を森に返そうという取り組みです。子どもたちは、毎日のように水をやり、まるで自分の子どものように愛おしく思って育てています。
>
> 園長・岡村斉先生

町の名産品「米みそ」工場を見学しました

海と山に囲まれた自然豊かな環境にあって、さらに目の前は田んぼ。ちょっと外に出るだけで、稲が育つ様子が観察できます。そんな子どもたちにとってお米はとても身近な存在ですが、このお米から作られる町の名産品「米みそ」については、あまり知らない様子。そこで、「米みそ」のことをもっと知ろうと、みそ工場を見学することにしました。

みその不思議を知り、「米みそ」への興味も高まりました

みそ工場では、材料の米がみそになるまでを順を追って見せてもらいます。米を蒸し器で蒸してから、麹菌と合わせて3日間寝かし、ゆでた大豆と塩を合わせたものを加えてよく混ぜます。これをおよそ8か月間おいておくと、おいしいみそができるのだそうです。

途中で、なんともいえない匂いがしてきて、「くさい」と顔をしかめる子どもたち。「これは麹が発酵している匂いだよ。でも、8か月経つと、麹の匂いが抜けて、いい匂いのみそになるんだよ」という工場の方の説明を真剣な表情で聞いていました。

最後にできあがったみそを見せてもらうと、「ほんとだ！ おいしそうな匂いだ」と驚きの声。みその不思議を知り、みそへの興味を高めた子どもたちでした。

42

食育アイデア

みそのことをもっと知ろう②
~みそはどのように作られるのかな?~

いつも食べているみそは、何からできているのか、興味を向けましょう。

活動内容

・みそには何が入っているのか話してみよう
「みそは何からできてるか、知ってる?」
「みそは、どうやって作るのかな?」
話した後で、表示などを見て、一緒に確かめてみましょう。

・みその仲間を集めてみよう
「みそと同じように、大豆からできているものは何かな?」
「みそと同じ、調味料の仲間を集めよう」
原材料や調味料、みそを使った料理など、みそに関連するいろいろなカテゴリーで仲間集めをしてみましょう。

ミニ知識　みその種類

みそは、ゆでた大豆に麹と塩を加えて作りますが、大きく3つの種類に分けられます。
・米みそ（大豆＋米麹＋塩）
・麦みそ（大豆＋麦麹＋塩）
・豆みそ（豆麹＋塩）

麹の種類で味や色も違い、その色から、大きく3種類の名称が使われます。
・「白みそ」（クリーム色）
・「淡色みそ」（黄色）
・「赤みそ」（赤茶色）

米みそが全国でも一番生産量が多く、麦みそは九州・四国・沖縄県など暖かい地方で多く、豆みそは愛知県・三重県・岐阜県などで作られています。

※「みそのことをもっと知ろう①」は
　p.17にあります。

おやこでクッキング！
肉みそと好きな具材を包んだ「肉みそおやき」に挑戦

●肉みそおやき
●みそクリーミードレッシングのサラダ

お父さんが作ってくれた白木のテーブルで作業を始めます。

小麦粉で作った生地で、肉みそと、チーズやうずらの卵、コーン、えだまめなど、好きな具材を選んで包みます。

子どもたちが調理をしている間に、庭でお父さんたちが火をたき始めました。ここにダッチオーブンを置いておやきを焼きます。

こんがりおいしそうな焼きあがりを見て、パッと笑顔になった子どもたちです。

町の名産品「米みそ」を使った二品を作ります。
肉みそを、小麦粉を練った生地で包む作業では、まるで宝物を包むように、そっと包む子どもたち。
蒸し焼きにする間は、できあがりをわくわくドキドキ待ちながらも、火を囲んで、親子の会話がはずみます。
できたてのほかほかのおやきにかぶりつくと、中からおいしい肉みそが、じゅわーっと出てきました。

肉みそおやきのレシピは54ページ

できあがり

エコの心を食育にも。
生ごみは肥料に変えて活用

千葉県千葉市 **チューリップ保育園**

生活の中でのエコロジーを実践。手作りの肥料をまいた園の畑ではオクラやとうもろこしなどの野菜を育てています。

野菜くずなどの生ごみから作った肥料を水に薄め、畑や花壇にまきます。

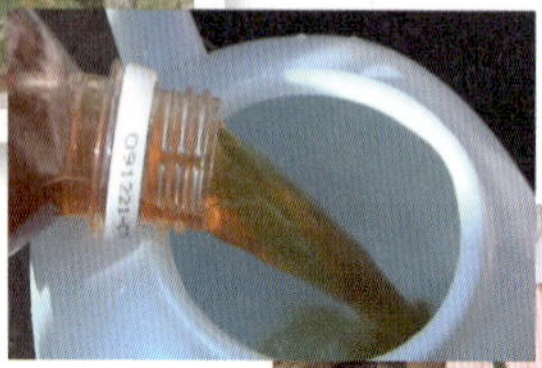

はさみを使ってオクラを慎重に収穫します。

食べものを身近に感じてもらおうと作った畑は、その名も「チューリップファーム」。

とった野菜はその場で味見。とうもろこしも生で食べてみました。子どもたちからは「甘い」の声。オクラはさっとゆでて、パクリ。「ねばねばしてる」。

> 子どもたちが大きくなったときに、地球の資源は限られていることを知り、いま自分たちにできることは何かを見つけてほしいと思っています。そのために、生活の中にあるエコ活動に力を入れ、身近にあるものを大切にする気持ちを育てています。
>
> 園長・藤井威郎先生

園の畑で収穫した野菜はその場で味見

今回収穫するのは、オクラ。ギザギザの大きな葉っぱの中に、ハイビスカスに似た黄色い花が咲いています。花が落ちたあとに、ロケットのように突き出たオクラを一つひとつ、はさみで慎重に収穫します。

とった野菜を、すぐにその場で味見するのがチューリップ保育園流。さっとゆでて、そのままパクリ。オクラはその日の給食にも利用します。子どもたちが輪切りにして、給食室に運び、おかか和えにしてもらいました。

調理で出た生ごみは肥料にして畑へ

オクラを輪切りにしたときに出たヘタなどの生ごみを、さっそく畑の肥料にします。「これは、生ごみを肥料にする大事な粉だよ」と、保育者が茶色い粉を子どもたちに見せました。この粉には微生物が入っていて、生ごみなどにかけてしばらく置いておくと、栄養たっぷりの肥料に変身するのだそうです。できた肥料は、水で薄めて野菜の水やりに使ったり、畑に埋めたりします。生活の中でエコロジーを実践している子どもたちでした。

おやこでクッキング！

カラフルな「わくわく！宝袋」を作りました

保育者が大きな袋を抱えてきました。「何が入っているのかな？」とわくわくする子どもたち。中には今日の食材、しめじ、えだまめ、うずらの卵、にんじん、とうもろこし、オクラなどが入っていました。

肉団子に好きな食材をくっつけます。好きなものだけつける子、いろどりよくつける子など、いろいろな姿がありました。

箸で宝袋を崩してみると、中には色とりどりの"お宝"が。楽しい仕上りに、歓声が上がりました。

園の親子クッキングでチャレンジした「宝袋」をアレンジし、番組では、生地にほうれんそうとにんじんを練り込んだ、オリジナル宝袋を作ることになりました。鶏ひき肉で肉団子を作り、そこに好きな食材をくっつけます。これを生地で包み込んで、しょう油とコンソメ味のスープで煮込んだら、できあがり。煮込んでいる間は、自分で作った袋の中が早く見てみたくて、子どもたちはわくわくそわそわ。まさに「わくわく！宝袋」になりました。

● わくわく！宝袋

わくわく！宝袋のレシピは **55** ページ

できあがり

食育アイデア

食材を当てっこして遊ぼう

何が入っているのかが楽しめる「宝袋」を使って、食育クイズをしましょう。

活動内容

- **袋の中の食べものを当てよう**
  適当な大きさの布袋に、かぼちゃ、ピーマン、トマト、きゅうり、なす、たまねぎ、さつまいも、メロン、りんご、バナナなど、旬の野菜や果物を1つ入れておきます。「この袋に入っているものはな〜に？」と、保育者がたずね、子どもが答えます。

❶ 袋を外から触って当てる。

❷ 手を袋に入れて、感触で当てる。
   触った手に匂いがつくこともあるので、手の匂いも嗅いでみよう。

①や②でわからないときは、「果物です」「体は赤い色をしています」などとヒントを出しましょう。

最後に、「体は赤いけど、おなかの中は何色だと思う？」「種はあるかな？」などとみんなに問題を出すと、全員が参加でき、盛りあがります。

調理活動は、何を作るかも自分たちで考える

京都府京都市 **御池保育所**

子どもに、食への関心を高めてもらいたいと、野菜の栽培や調理活動などに熱心に取り組んでいます。

みんなで考えたメモを持って買い物に。目的の食材を見つけるのに苦戦する子の姿も。

家で手伝ったことのある子が多く、慣れた手つきでたこ焼きをひっくり返していました。

たこ焼き器に生地を流し込み、好きな具材を並べます。

「あつい！」と声を上げながら、焼きたてをほおばる子どもたち。「ソーセージが入ってた！」「私のはえび！」と、中の具を言い合って、ゲームのような楽しいひとときになりました。

> 京都のど真ん中にある保育園ですが、少しでも子どもたちが自然に触れられるようにと、園庭で野菜などを育てています。保育や子育てのベースは食にあると思っているので、子どもたちには、食にまつわる体験を積極的にさせています。
> 園長・木原克美先生

「アイデアたこ焼き」作りでは自分たちで具材を考え買い出しもしました

今日は、関西ではおなじみの「たこ焼き」を、たこではなく、他の材料を入れて作ろうということになりました。

子どもたちみんなで何を入れるか話し合い、ソーセージやチーズ、おもちなどを入れることに。食材の買い物も子どもたちで行います。スーパーではメモを読み上げながら、協力して食材を集める子どもたち。チーズが見つけられずにウロウロする子に、保育者が、「チーズは何でできているんだっけ？」と声をかけると、「あっ、牛乳！」とすぐに乳製品のコーナーへ。日ごろの食育の成果が垣間見えた場面でした。

慣れた手つきで!?たこ焼きを焼きました

買ってきた材料を食べやすい大きさに切り、たこ焼き器に流し込んだ生地の上に、好きなものをのせていきます。

生地が固まってきたら、竹串を使って、くるっとひっくり返します。これは、子どもには難しい作業ですが、家で手伝っている子も多く、慣れた手つきです。

「まあるくなあれ！」とおまじないをかけながら焼いたおかげ（？）で、丸くておいしそうなオリジナルたこ焼きが完成しました。

食育アイデア

地域の伝統野菜に目を向けよう

店頭に並んでいる野菜は、日本全国から集まってきますが、その中に、自分の住んでいる地域で作られている野菜も多くあります。さらに、その地域で古くから伝わり、その在来品種を大切に守り育てている伝統野菜もあります。
自分たちの暮らす地域に、どんな伝統野菜があるか、調べてみましょう。

活動内容

・地域の野菜について話をしよう
「おうちの近くの畑には、どんな野菜が育ってる？」
「この近くで、昔からずっと大事に育てられている野菜があるのよ。知ってる？」

・入手が可能なら購入して、観察してみよう

・おいしい食べ方を調べたり、地域のお年寄りの話を聞いたりして、調理し、食べてみよう

ミニ知識　各地の主な伝統野菜

山形県：だだちゃ豆　藤沢かぶ　食用ぎく「もってのほか」
　　　　赤ねぎ
長野県：野沢菜　王滝かぶ　上野だいこん　羽広菜
石川県：加賀れんこん　金時草　打木赤皮甘栗かぼちゃ
京都府：九条ねぎ　聖護院だいこん　水菜　壬生菜
　　　　伏見とうがらし　賀茂なす　鹿ケ谷かぼちゃ
広島県：広島菜
沖縄県：にがうり（ゴーヤー）　とうがん　らっきょう
　　　　パパイヤ　まこも

鹿ケ谷かぼちゃ 　　　賀茂なす

おやこでクッキング！

京野菜を使ったカレーにチャレンジ

● 京野菜のさらさらカレー
● 京つけもの

ユニークな形の京野菜。これは鹿ケ谷かぼちゃ。

野菜をすりおろし、カレーのとろみにします。つぶしたり、すりおろしたりの作業は、子どもにはちょっと大変でしたが、一生懸命取り組んでいました。

最近は全国的になった水菜ですが、これも京野菜のひとつ。刻んでごはんに混ぜ込みました。「野菜たっぷりのカレーがこんなにおいしいとは！」と、参加者の親子から驚きの声があがりました。

「いまからカレーを作るんだけど、いつも食べているカレーとちょっと違うんよ」と言いながら、保育者が袋の中から出したのは、京都で昔から作られている京野菜です。この京野菜を使ってカレーを作ろう、というわけなのです。しかも、すりおろした野菜でとろみをつける番組オリジナルのカレーです。子どもたちは、かぼちゃをつぶしたり、にんじんをすりおろしたり大活躍。お母さんたちは、市販のルーを使わないカレーの作り方に興味津々でした。

京野菜のさらさらカレーのレシピは 55 ページ

できあがり

野菜を収穫したら、その場ですぐに味見する

群馬県高崎市 **矢中保育園**

自然に囲まれた緑いっぱいの矢中保育園。その恵まれた環境が、食育活動にも生かされています。

こんなにたくさんのえだまめがとれました。すぐに釜でゆでて、さっそくその場で味見をします。

広々とした畑では、なすやきゅうり、えだまめ、だいこんなどいろいろな野菜を育てています。子どもたちは、種まきから参加します。

干からびたえだまめのさやから出てきた固い豆を見て、「大豆だ！」とすぐに気づいた子どももいました。

心も体も解放されて、元気にのびのび遊ぶ子どもになってほしいと思っています。その中で、食育は保育の重要な柱。うどん作りや飯ごうでごはんを炊くといった実体験を通して、食に対する興味・関心を育てています。

園長・佐藤成男先生

健やかな心と体づくりにとくに配慮した保育を実践。屋根にソーラーパネルを取りつけて太陽光発電を行うなど、エコロジーにも力を入れています。

給食に使う材料を収穫し、苦手な野菜ももりもり食べる子どもたち

広々とした園の畑では、子どもたちといっしょに、きゅうりやなす、えだまめなどの野菜を育てています。収穫では、つやつやと黒光りしているなす、太くて立派なきゅうり、枝にわさわさとなったえだまめに、歓声を上げる子どもたち。えだまめは、その場でゆであがったえだまめに、色鮮やかな緑色にゆであがったえだまめに、大歓声が上がりました。

えだまめと大豆の関係を知り食への興味がアップ

えだまめの味見のあと、保育者は、園庭に干してあったえだまめを子どもたちに見せました。

「これなんだ？」と聞く保育者に、「えだまめ！」と即答する子どもたち。でも、中にはカチカチに固まった茶色い豆が……。えだまめを成熟するまでおいておくと大豆になること、味見をしたえだまめが大豆の赤ちゃんだった、ということを学びました。

「この大豆を水に入れると、お水を吸って大きくやわらかくなるの。今日は、それを豚汁に入れて食べてみようね」と、保育者。この日の給食は、大豆入りの豚汁と、園の畑でとれた、なすときゅうりの塩もみ。デザートは、裏庭でとれたいちじくでした。

48

食育アイデア

釜でごはんを炊いてみよう

活動内容

- ごはんの炊き方について話そう

「ごはんって、どうやって炊くのかな？」
「まだ電気炊飯器がなかったときは、どうやって炊いてたのかな？」

昔は釜を火にかけてごはんを炊きました。主に羽釜という鉄製の釜で炊いたのですが、今でも、羽釜を小さくした鉄製のお釜が釜めしやさんなどで使われています。
また、土鍋などでも同じように昔ながらの炊き方で炊くことができます。

- 釜でごはんを炊いてみよう

お米の収穫の時期などに、羽釜でごはんを炊く機会を設けてみましょう。
大きな釜でなくても、カセットコンロで土鍋や耐熱ガラスの鍋で炊いたりしてもよいでしょう。
炊けるときの匂いを嗅いだり、音を聞いたり、底についたおこげを味わうなど、電気釜とは違ったごはんを味わう経験をしてみましょう。

ミニ知識　釜を使ったごはんの炊き方

①米と分量の水を入れ、30分以上浸す。
②弱火にかけ、吹きこぼれたらふたを少しずらし、吹きこぼれないようさらに火を弱めて、15分程度炊く。
③ぷくぷく水を噴き出さなくなったら、火を止め、ふたをしっかりしめて、15分程度蒸らす。(この間、ふたをあけない)

おやこでクッキング！
色鮮やかな「秋のごちそう釜めし」にチャレンジ！

お母さんといっしょに、きのこを食べやすい大きさにカットします。

こんにゃくを手でちぎって、フライパンで甘辛く煮つけました。「こんにゃくを手でちぎると、味がしみこみやすくなるんだよ」と保育者。

「たまには、手のこんだものを子どもといっしょに作って食べるのもいいですね」と、お母さん。子どもの豪快な食べっぷりに満足そうでした。

●秋のごちそう釜めし

「釜めし」作りに、5組の親子が挑戦。
まずは、しいたけ、しめじ、えのきだけ、まいたけ、エリンギの違いをじっくり観察。調理ではお母さんといっしょに、包丁にもチャレンジしました。
炊きあがったごはんに、にんじんやくり、こんにゃくなどを自由にトッピング。一人ひとり個性あふれる釜めしができました。
参加したお母さんは「これからは子どもといっしょに料理をしたい」と話していました。

秋のごちそう釜めしのレシピは **56** ページ

できあがり

食育は、感謝の心を育てることから

兵庫県神戸市 **明照保育園**

食事を作ってくれる人に対する感謝の気持ちをもち、「ありがとう」と言える子に育てることを大切にしています。

手を合わせ、感謝の気持ちをもって「いただきます」をします。

買ってきた材料を調理師さんに渡して、給食を作ってもらいます。秋のおいしさがいっぱい詰まった給食ができました。

漬け物屋では「たくあん、ください」と大きな声で伝えることができました。お金を払ってお釣りをもらうのが初めての子どももいて、貴重な経験になりました。

園庭の畑でいも掘り体験。収穫を通して、食事ができてくる経過を知る、これも食育のひとつです。

> 食育の中でも一番大切なのは、感謝の気持ちを育てることだと思っています。そこで、子どもたちには折にふれて、食事ができる過程を知らせ、食事を作ってくれる人に対する「ありがとう」の気持ちを引き出すようにしています。
> 園長・黒川恭眞先生

食事ができるまでを知るために、給食の買い出しを経験

感謝の気持ちをもつには、食事ができてくる経過、作る過程をよく知ることが必要と、みんなで給食の材料の買い出しに行くことになりました。献立は、まつたけごはんにさんまのごま焼き。秋ならではの味覚です。4つのグループに分かれて、それぞれ八百屋、豆腐屋、酒屋、漬け物屋などに出かけました。

豆腐屋では、「豆腐って、何からできているか知っている？」と聞かれ、「きなこー！」と答えた子も。原料の大豆を見せてもらい、作り方の説明も聞いて、豆腐の作り方だけでなく、豆腐屋さんの大変さがわかりました。この日は、買い出しから調理師さんに調理をお願いするところまでを経験し、いつも食べている給食が、たくさんの人の手で作られていることを知りました。

収穫も、食事ができるまでの経過を知る機会

今日は園庭でいも掘りを体験します。「おいもは、太い根っこのところにあります。よーく探してね」という保育者の話を聞いてから、さっそくいも掘りを始めました。
「こっち、でっかいのがいっぱいある！」「わあ、こっちには、こんなにちっちゃいのがあった！」。
次から次へと見つかるさつまいもに、子どもたちは大はしゃぎ。みんなで掘ったさつまいもを集めたら、大きいのや小さいの、太いのや細いのなど、いろんな形があることがわかりました。

50

食育アイデア

いも掘りをもっと「食育」にしよう

どこの園でも年中行事になっているいも掘りですが、食育にも活用してみましょう。

活動内容

- **いも掘りの前に、いろいろ調べてみよう**
「さつまいも（じゃがいもなど）が育つのは、どこかな？　土の上？　それとも土の中？」
「いもの仲間にはどんなものがあるかな？」

土の中で育つ野菜にはどんなものがあるのか、図鑑などで見てみましょう。また、さといもやじゃがいも、さつまいもを事前に用意して、観察して比べてみましょう。

- **さつまいもの育ちを観察しよう**
「どんなふうに芽や葉が出てくるのかな？」

皿に水を入れてさつまいもを置く水栽培をすると、さつまいもからつるや葉が出てきて、土の中でどんなふうに育っているのかを見ることができます。

- **掘ったいもで遊ぼう**
  - 小さい順に並べて、大きさを比べてみよう。
  - チビいもは、水栽培をしたり、いも版画に利用しよう。
  - 茎は少し乾燥させ、編んでかごを作ろう。

旬の食材をまとめて並べてみると、いろいろな食べものがあることに気づきます。

「これ全部、秋の味覚です」と保育者が運んできたのは、さつまいも、かき、くり、しいたけ、ぎんなんなど。

しいたけとにんじんを刻んで、鶏のひき肉と塩と片栗粉と合わせて肉だんごを作りました。団子作りはお手のもの（!?）の子どもたち。楽しそうに丸めていました。

四角い皿に、絵を描くように盛り合わせれば、見ても食べてもおいしい「いろどりランチ」のできあがりです。

秋の食材を使った、ワンプレートの「秋のいろどりランチ」を作ります。
はじめに、くりの洋風きんとん作りに挑戦。くりの皮から中身をくり抜いて、砂糖とクリームチーズと練り合わせてから元の皮の中に詰め直す、という細かい作業にも、真剣に取り組む子どもたち。
食用菊を飾った押し寿司では、サッとゆでた食用菊がきれいに見えるよう、工夫して並べる姿がありました。
できあがった数品を、落ち葉や葉っぱなどといっしょに盛り合わせれば、「秋のいろどりランチ」のできあがり。どれも、秋の風景を表現した素敵な"作品"になりました。

おやこでクッキング！

旬の味覚をたっぷり使って、「秋のいろどりランチ」を作りました

- くりの洋風きんとん
- さつまいものレモン煮
- きのこ入り肉団子
- 菊花寿司
- にんじんとしめじの煮もの

など

秋のいろどりランチのレシピは **57** ページ

できあがり

みんなで育てた米が毎日の給食の主食

山形県山形市 **出羽保育園**

目の前にある園の田んぼで育てた米が給食の主食。米を研ぐのも炊くのも、子どもたちの仕事です。

園の目の前の田んぼで、給食に使う米を育てています。子どもたちは、田植えから参加。毎日のように生長を見守ります。

「春にみんなで田植えをしたお米が、秋になって食べられるようになりました」と保育者。黄金色の穂が一面に広がっています。

米を研いで、炊飯器で炊くのも子どもたちの仕事。毎日やっているから、手慣れたものです。

「まずは先生が一株、やってみるから、見ていてください」と保育者が最初に手本を見せます。鎌を扱うのは、大人でもなかなか難しい。

笹の葉にのせたみそおにぎり。新米のおいしさを存分に味わいました。

> 毎日の生活の中でできる食育を大切にするとともに、食事をおいしく食べるために必要な歯についても大事に考えています。保健室には診療用の椅子を置き、こまめに歯科検診をするなど、虫歯を作らない取り組みをしています。
>
> 園長・岡崎恵子先生

米作りでは、田植えから精米までのすべてを体験

「毎日の生活の中でできる食育を」と、保育園の目の前の田んぼで米を育てています。春の田植えから始まって、秋には手作業での稲刈り、脱穀、それから精米まで体験します。

米の栽培に関わることで、米の大切さを自然に学んでいる子どもたち。もちろん給食で出るごはんは、格別の味。毎日、大切においしくいただいています。

秋の大イベント 稲刈りを体験しました

今日は、秋の大イベント＝稲刈りの日。たわわに実った稲を手でつかみ、根元を鎌でザクッと刈ります。鎌の扱いは難しいので、お父さんやお母さんといっしょにやってみます。なかなか力のいる作業ですが、緊張しながらも、一生懸命刈りました。

「お米とれたぞ～！」と、大喜びの子どもたち。

刈り取った稲は、地面に刺した長い棒に立てかける「杭掛け」という昔ながらの方法で乾燥させます。

この日の給食は、前に収穫しておいた米で作ったおにぎり。手作りみそを塗って、みそおにぎりにして食べました。

おやこでクッキング！
山形・秋の名物「おたのしみいも煮」にチャレンジ！

大きな葉っぱを指して、「これ、な～んだ？」と保育者。子どもは「知ってる！ さといも！」と即答です。茎に栄養をため込んだものがさといも。白くて細長いのは根っこです。

昔ながらの方法で、さといもの土を落とします。イチ、ニ、サンと声をかけながら、木の棒でかき回します。

● おたのしみいも煮

さといもや牛肉、ねぎ、こんにゃく、きのこ類などの材料をしょう油と砂糖で甘辛く煮込んだ郷土料理「いも煮」を作ります。
番組の最初は、園の近くの畑でさといもを収穫。調理では、さといもの皮むきをお母さんが担当。子どもたちは、こんにゃくをちぎったり、長ねぎを切りました。
下ごしらえした材料を、大きな鉄鍋に入れて、園庭でコトコト。途中、しょう油やお酒で味をつけ、しばらく煮込みます。
みんなで楽しくうたっている間にできあがり。秋晴れの下、おいしくいただきました。

おたのしみいも煮のレシピは 57 ページ

食育アイデア
園庭で「○○園いも煮会」をしてみよう

地元の食材を煮た鍋を囲んで、戸外で楽しくコミュニケーションをとって食べる、まさにいも煮会は食育の原点です。園庭で保護者もいっしょに「○○園オリジナル"いも煮会"」をしてみませんか。

活動内容

子どもたちみんなで入れる食材を決めたり、収穫したり、買い物をしたり、野菜を切ったりと、できるだけ子どもの活動を取り入れながら、「いも煮会」をしてみましょう。
さといもやさつまいもを入れた豚汁鍋、じゃがいもの肉じゃが鍋、海が近ければ魚を入れたりなど、地域の特色をいかしたお鍋を考えましょう。

ミニ知識　季節の風物詩「いも煮会」

さといもの収穫時期の10月ごろ、山形県の河川敷では、毎年、市民が参加してダイナミックないも煮会が催されます。地域によって入れる食材は少しずつ違いがあるようですが、東北地方に伝わる秋の風物詩でもあります。

できあがるまで、歌をうたいながら待っている子どもたち。こうしてできあがるまでの時間を楽しめるのも、いも煮会のいいところ。

青い鳥保育園のお友達が作った 肉みそおやき

どんな味のおやきができるか、食べるのがワクワク楽しみなレシピです。

材料（3～4個分）

＜肉みそ＞
- 豚ひき肉　50g
- みそ　大さじ1～2
- 青ねぎ　5～6本
- 砂糖　大さじ1/2
- 油　少々

※中身は、うずらの卵、チーズ、コーン、えだまめ、蒸したかぼちゃなどお好みで。

＜生地＞
- 薄力粉　100g
- ベーキングパウダー　小さじ1
- 砂糖　大さじ1
- 塩　ひとつまみ
- サラダ油　大さじ1
- 水　大さじ2と1/2

※水は、ややかための生地になるように、加減します。

① 肉みその材料を炒める
- フライパンに少量の油と刻んだ青ねぎを入れて炒める。
- 青ねぎがしんなりしたら豚ひき肉、みそ、砂糖を加えて、混ぜながら炒める。肉の色が変わって、みその香りがしてきたら完成。

② おやきの生地を混ぜる
- 小麦粉、ベーキングパウダー、砂糖、塩を混ぜてから、水とサラダ油を加えて混ぜる。
- 粉っぽさがなくなったら、あまりこねないようにまとめてビニール袋に入れ、冷蔵庫で1時間ほど休ませる。

③ 具材を包む
- ②の生地を60g程度（卵大）に分けて丸め、手のひらで平たくのばす。
- 中心に肉みそと好きな具材をのせ、まわりの生地で包み込む。合わせ目をつまんで閉じる。

④ 蒸し焼きにする
- ダッチオーブン（フライパンでも可）に油をひき、おやきを並べる。
- 中火にかけて、こんがりと焼き色がつく程度に片面を焼いてひっくり返す。
- 少量の水を加え（フライパンの場合は少し多めに）、ふたをして5～6分蒸し焼きにする。

POINT
- 具材を入れすぎると生地が破れてしまうので注意。
- あまった肉みそはおにぎりに使ったり、野菜につけてもおいしい。

---

② 飾り肉団子を作る
- 鶏ひき肉に、塩、しょう油、片栗粉、刻んだしめじを加えてよく混ぜる。
- 肉団子状に丸めてから、①の食材をはりつける（8個作る）。

③ 生地をこねる
- 薄力粉と強力粉を合わせてから塩水を加え、混ぜ合わせる。まとまってきたら半分に分けて、色づけ用のほうれんそうとにんじんをそれぞれに加える。
- 水っぽい部分には打ち粉（分量外：薄力粉または強力粉）を加えてこね、なめらかな生地にする。

④ 宝袋を作る
- 2色の生地をそれぞれ4等分し、打ち粉をふったまな板で、それぞれ薄くのばす。
- 1枚に②の肉団子を1つのせて包み、口の部分をゆでたほうれんそうの茎で結ぶ。

⑤ スープで煮る
- 大鍋でスープを作り、④の宝袋を加えて10分ほど煮る。
- 仕上げに大きめにちぎったレタスとくし形に切ったトマトを加え、すぐに盛りつける。

POINT
- 宝袋はテーブルナイフなどで食べやすく切っていただく。
- 口の部分は生地が厚くなるので、生地の周囲は薄くのばすとよい。

おやこでクッキング オリジナル秋のレシピ

御池保育所の
お友達が作った
京野菜のさらさらカレー

市販のルーを使わずに、すりおろした野菜でつけたとろみが特徴のカレーです。

材料（3～4人分）
<具材>
鹿ケ谷かぼちゃ　1/8個
加茂なす　1個
にんじん　1本
れんこん　1本
小かぶ　2個
鶏もも肉　1枚
<調味料・油>
油　大さじ3
カレー粉　小さじ1～2
だし汁　3カップ（600cc）
しょう油　大さじ3
みりん　大さじ3
ケチャップ　大さじ3

ごはん　適量
京水菜　1～2株
※かぼちゃ、なす、水菜は一般に流通しているもので代用可能。

① 下ごしらえをする

- なすは2cm角の棒状に切ってから角切りにして、水につけ、油（大さじ2）を入れて熱したフライパンで炒める。
- にんじん、れんこん、かぶは皮をむき、半量をすりおろす。残りの半量は食べやすい大きさに切り、にんじんとれんこんはだし汁で煮てやわらかくしておく。
- 鶏肉は薄切りにする。
- かぼちゃは種を取りのぞき、蒸す。少し冷ましてから黄色い部分をスプーンですくって、軽くつぶす。

② 切った材料を煮込む

- 深鍋に油（大さじ1）を熱して鶏肉を入れ、表面の色が変わったらカレー粉をふり入れて、香りが出るまで炒める。
- 煮ておいたにんじんとれんこんをだし汁ごと加えて、切っておいたかぶも加えて煮立てる。

③ とろみと味をつけて煮込む

- あくをすくい、すりおろした野菜3種、つぶしたかぼちゃ、しょう油、みりん、ケチャップを加えてから、最後に炒めたなすを加える。
- 時々かき混ぜながら7～8分煮込んでできあがり。

④ 水菜入りごはんを盛りつける

- 水菜を1cm程度に刻んで、ごはんに適量混ぜる。
- 小さめのカップや小鉢を水でぬらし、水菜入りごはんを詰めて軽く押す。
- ひっくり返して皿に移し、③のカレーを盛りつける。

チューリップ保育園の
お友達が作った
わくわく！宝袋

カラフルな食材を使うと、袋を開けながら食べるときの楽しみがさらに広がります。

材料（8個分）
<生地>
強力粉　80g
薄力粉　80g
水　80cc
塩　小さじ1弱
<生地の色づけ用>
ほうれんそう（葉先をすりつぶしたもの）
小さじ1～2
にんじん（ゆでてすりつぶしたもの）
小さじ2～3
<肉団子>
鶏ひき肉　100g
塩　小さじ1/4
しょう油　少々
片栗粉　小さじ1/2
しめじ（軸のみじん切り）　大さじ2～3
<詰める野菜>
型抜きにんじん　8枚
うずら卵　8個
オクラ、しめじ、コーン、えだまめ　各適量
<スープ>
水　5カップ
コンソメ（顆粒）　大さじ1
しょう油　大さじ1

トマト　1個
レタス　2枚

① 袋に入れる食材の準備

- にんじんは、輪切りにして塩ゆでし、好みの型で抜く。
- オクラは、小口切りにする。
- しめじはかさの部分を切りはなし、残った軸を細かく刻む。
- えだまめは塩ゆでして、さやからはずす。

55

さつまいものレモン煮

・さつまいもは皮ごと1㎝の輪切りにして、水から5分煮る。
・砂糖を加えてさらに5分ほど火にかける（煮崩れないようにかために煮る）。
・レモン汁を加えて火を止め、冷まして味をしみこませる。

きのこ入り肉団子

・材料をすべて合わせてよく混ぜる。
・手水をつけて丸く形作り、煮立てた煮汁に入れる。
・5分ほど煮て火を通したら火を止め、冷まして味をしみこませる。

菊花寿司

・菊の花びらをむしり、酢少々を入れた熱湯でさっとゆでる。
・冷水でさらし、水気を絞って甘酢に漬ける。
・小容器にラップをしき、甘酢を絞った菊花を寿司めしに混ぜたりのせたりして、押し寿司にする。色づいた木の葉やかごなどの小物を使い、秋の風景をイメージして皿に盛りつける。

矢中保育園のお友達が作った
秋のごちそう釜めし

一人用の小さなお釜を使えば、楽しく見守るうちに、あっという間に炊きあがります。

おやこでクッキング オリジナル秋のレシピ

材料（3～4人分）
米　2合
鶏もも肉　小1枚
きのこ類（切ったもの）　3～4カップ
※生しいたけ、えのきたけ、しめじ、まいたけ、エリンギなどを組み合わせて。

＜調味液＞
だし汁　360cc
しょう油　大さじ1弱
酒　大さじ1
塩　小さじ1/3

＜こんにゃくの炒め煮＞
こんにゃく　1/2枚
ごま油　小さじ1
だし汁　50cc
しょう油　大さじ1/2
砂糖　大さじ1/2

＜その他のトッピング＞
にんじん　4～5cm
※5mm程度の輪切りにして塩ゆでし、型抜きする。外側は刻んで米と混ぜて炊く。
きぬさや（ゆでたもの）　8枚
うずらの卵　4個
栗の甘露煮　4個
干ししいたけの甘煮　4枚

① きのこの下準備

・しめじ、まいたけ、エリンギは、石づきを切り落として2cmの長さに切り、手で小さくほぐす。
・生しいたけは薄切りにする。
・えのきだけは2～3等分に切る。

② こんにゃくの炒め煮を作る

・こんにゃくを食べやすい大きさに手でちぎり、5分ほど下ゆでしてアクをぬく。
・フライパンにごま油を熱し、こんにゃくを炒め、だし汁、しょう油、砂糖を加え、時々混ぜながら、中火で煮汁がなくなるまで煮る。

③ その他の下ごしらえ

・鶏肉は1cm角に切る。
・米は研いで水に30分つけてから、ざるにあげて水気を切っておく。

④ 釜に材料を入れて炊く

・釜に、研いだ米、だし汁、調味料、鶏肉と①のきのこ類、刻んだにんじんを入れて炊く。
※釜の場合は、火にかけて沸騰したら、火を弱めて10分。火を止めて10分蒸らしてから、用意しておいたトッピングを飾る。
※炊飯器の場合は通常の炊き方で。
※茶碗によそって食べる。

出羽保育園の お友達が作った おたのしみいも煮

本場、山形の「いも煮会」のように、鍋を囲んでワイワイにぎやかに作って食べましょう。

材料（8～10人分）
- 牛ばら肉（薄切り） 300～400g
- さといも 皮をむいて500g
- ごぼう 1本
- こんにゃく 1枚
- 長ねぎ 2～3本
- しめじ 大1袋（なくても可）
- 木綿豆腐 1丁（なくても可）
- 水 9カップ（1800cc）
- 砂糖、酒 各大さじ3（45cc）
- しょう油 大さじ6（90cc）

1 さといもの皮をむく

・さといもは、たわしなどでよくこすり洗いをして泥を落とし、形にそって薄く皮をむく。大きい場合は2つに切る。

2 その他の材料の下ごしらえ

・ごぼうは長めのささがきにして水にさらす（ピーラーを使うと便利）。
・こんにゃくは手で小さめにちぎり下ゆでする。
・長ねぎの白い部分はぶつ切りに、青い部分は斜め薄切りにする。
・牛肉は食べやすい大きさに切る。

3 さといも、ごぼう、こんにゃくを煮る

・大鍋に水とさといもを入れて火にかけ沸騰させる。ぬめりのある泡をていねいにすくいとりながら10分ほど煮る。
・ごぼうとこんにゃくを加え、さといもがやわらかくなるまでさらに10～15分程度煮る。

4 味をつけて仕上げる

・③に、砂糖、酒、しょう油で味をつけて沸騰させ、牛肉を入れる。
・アクをすくってから、長ねぎの白い部分を加え、5～6分煮る。
・しめじと、豆腐を手で大きめにくずしながら入れ、味をととのえ、仕上げにねぎの青い部分を加える。

POINT
●野菜の切り方はそれぞれお好みでOK。子どもが安全に作業できるよう配慮をしよう。

明照保育園の お友達が作った 秋のいろどりランチ

どの料理も簡単に作れるものばかり。彩りよく盛りつければ秋らしいプレートができあがります。

材料（3～4人分）
<さつまいものレモン煮>
- さつまいも 小1本
- 水 1/2カップ
- 砂糖 大さじ4
- レモン汁 小さじ1

<<くりの洋風きんとん>
- くり 大3～4個
- クリームチーズ 小さじ2～3
- 砂糖 小さじ1～2

<きのこ入り肉団子>
- 鶏ひき肉 100g
- 塩 小さじ1/4
- 片栗粉 小さじ1/2
- いりごま 小さじ1/2
- きのこ類（みじん切り） 大さじ2～3
- にんじん（みじん切り） 大さじ1
- 煮汁（だし汁1カップ、しょう油大さじ1、みりん大さじ1）

※ひき肉は油の少ないむね肉かささみ肉だと形が作りやすい。

<菊花ずし>
- 食用菊（黄・紫） 計4～6個
- 甘酢（酢、砂糖、水を同量）
- 寿司飯 適量

くりの洋風きんとん

・くりをやわらかくゆで、粗熱がとれたら横半分に切って、スプーンで中の実を取り出す。
・クリームチーズ、砂糖を加えてなめらかになるまでつぶす。
・ラップに包んで茶巾しぼりにしてから、外皮（鬼皮）に戻す。

★ 食育基礎知識3 ★

包丁とまな板の使い方

危険が伴う包丁の扱いについては、子どもが使いやすい道具を選び、はじめに正しい持ち方、扱い方を丁寧に教えることが大切です。

包丁とまな板の正しい使い方

正しい立ち位置
- 調理台がなるべくおへその下になるように立ちます。
  →踏み台などで調整しましょう。
- おへその真ん中に、まな板の真ん中がくるようにします。

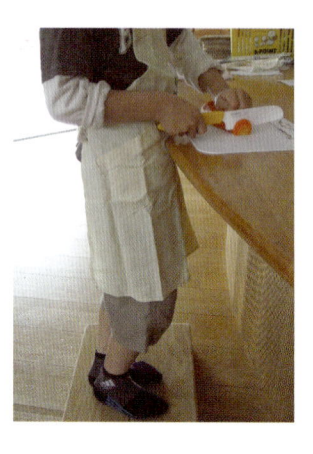

切り方
- まな板に対して垂直に包丁がくるように持ちます。
- ゆっくりと前に押すようにして切ります。

包丁の持ち方
- 利き手で包丁を持ち、もう一方の手で食材をおさえます。
- 食材をおさえる手は、軽く握るように丸め、親指を人差し指の下に入れます。

↑「猫の手」や「じゃんけんのグー」をイメージしましょう。

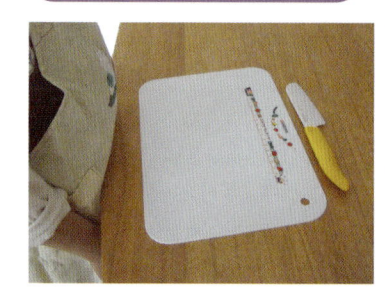

包丁の置き方・渡し方
- 包丁を置いておくときは、刃を自分とは反対側に向けて置きます。
- 人に渡すときは、柄を持って、柄のほうからそっと渡します。

包丁とまな板の選び方

包丁
- 刃の先端が丸い。
- 軽くて握りやすい。
- よく切れる。
- 刃が平ら。

「セラミックナイフこどもタイプ（ケース入り）」（京セラ）

握ったときに安定感があり、手に余分な力を入れずに切れる包丁です。
サイズ：218×35×16mm（刃渡り105mm）
重さ（本体）：50g　耐熱温度（樹脂部）：110℃
刃材質：ファインセラミックス／柄材質：ポリプロピレン
※食器洗浄乾燥機対応

まな板
- 子どもが持てる重さや大きさ。
- 滑りにくい。

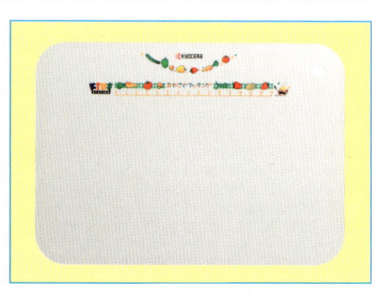

「キッズまないた」（京セラ）

材質：オレフィン系エラストマー
耐熱温度：110℃
サイズ：300×210×2mm　重さ：120g
※抗菌対応

「おやこでクッキング」の番組では、京セラのセラミック調理器具を使用しています。

※本ページに掲載の京セラ商品は、全国の百貨店・専門店・スーパー・ホームセンターなどでご購入いただけます。また、インターネットサイトの「買い物市場」（http://www.kaimonoichiba.com/）からもご購入いただけます。

冬

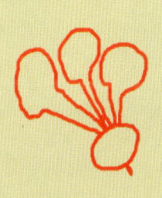

★
12月～2月放映分

北海道札幌市
★ 三和新琴似保育園
命をいただくことに
感謝できる経験を

島根県浜田市
★ れんげ保育園
見て、触って
魚の大好きな子に

広島県広島市
★ 保育園ゆりかご
食べものの育ちを知り
手作りの味を体験

秋田県秋田市
★ ふじ保育園
クッキングで
本物を味わう

愛知県名古屋市
★ いずみ保育園
実際に体験して
知る・感じる経験を

鹿児島県霧島市
★ 照明保育園
自然の実りに気づき、
自然の味を味わう

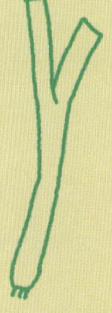

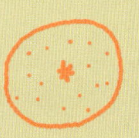

winter

命をいただくことに感謝できる経験を

北海道札幌市 三和新琴似保育園

野菜などの栽培を通して旬を知り、収穫したり調理したりして、季節のものをおいしく食べる活動を積極的に取り入れています。

子どもたちに丸ごと1本のさけを見せると、その大きさにびっくり。「食べるものは、はじめはみんな生きているの。だから、大切に食べようね」と、調理員。

さばいたさけをじっくり観察。「これは腸?」「ここは心臓?」と、好奇心いっぱいの表情で聞く子どもたちです。

豪快な「ちゃんちゃん焼き」。園庭いっぱいに、いい匂いが広がります。

保育室に戻って給食タイム。「ちゃんちゃん焼き」のほか、みそ汁やおにぎり、みかんなどをいただきました。

北海道は、素材そのものが食文化。料理では「ちゃんちゃん焼き」も有名です。子どもたちには、一匹のさけをさばくところから見せて、命をいただくことを感じてもらいたいと思っています。

園長・菊地秀一先生

園庭で「ちゃんちゃん焼き」。さけをじっくり観察

冬の恒例行事のひとつが、園庭に炭火をおこして楽しむ「さけのちゃんちゃん焼き」です。「ちゃんちゃん焼き」は、キャベツなどの野菜とさけを、みそのたれで豪快に炒めていただく北海道の名物料理。

園では、さけをさばくところから始めます。これは、命をいただくとはどういうことかを子どもたちに感じてほしい、という考えから行っている活動。

子どもたちは、調理員がさけをさばいていく様子を、ドキドキしながらも真剣な表情で見守っていました。

食材が変化していく様子を好奇心いっぱいで見守ります

ほたてやいかなど、この時期に北海道でとれる魚介類も準備し、いよいよ「ちゃんちゃん焼き」の始まりです。

いろいろな種類の野菜や魚介類に火が通っていく様子を見て、「あさりの口があいた!」「このあさりはまだ口があいてない!」「いかの匂いがする!」などと言葉にし合いながら、好奇心いっぱいで見守ります。

待ったにできあがり! 命をいただいていることに感謝しながら、「おいしいね」とおなかいっぱい食べていました。

60

おやこでクッキング！

北海道の食材たっぷりの「北海みそラーメン」を作りました

トッピングのメインは、大きな毛がに。初めて見る生きた毛がにに大興奮の子どもたち。ゆでると、だんだん赤くなって、そして動かなくなることを知りました。

北海道ならではの食材がそろいました。コーンやバターも北海道のものです。

スープから手作り。子どもたちの手で豚骨やりんご、たまねぎ、煮干しなどを鍋に入れて、煮込みます。

いももち作りでは、つぶしたじゃがいもに片栗粉と水を混ぜます。「もちもちする！」と子どもたち。

● 北海みそラーメン
● いももち

地元の味、みそ味のラーメンを作ることにしました。トッピングは、魚介類と、北海道のじゃがいもで作るいももちです。
いももち作りでは、ふかしたじゃがいもをつぶしたり、片栗粉と水を混ぜてこねたり、食べやすい大きさにまとめたりと、子どもたちは大活躍。
仕上げのトッピングタイムでは、お父さん、お母さんに相談しながらも、豪快に盛りつけ。あつあつのラーメンを親子で「おいしい！」といただきました。

北海みそラーメンの
レシピは **72** ページ

できあがり

食育アイデア

食べものが届くまでを知ろう

私たちが食べものを食べるまでに、たくさんの人が関わっていることに気づく機会を作りましょう。

活動内容

・食べものがどのようにして届くのかに興味を向けよう
「みんなが今日食べた○○は、どこから来たのかな？」
「だれが作ったのかな？」
「だれが運んでくれたのかな？」

ほとんどの食材が、生産者から市場、お店を通って、私たちの家や園に届くこと。届いた食材を料理する人がいて、食べられることなどについて、話しましょう。

可能なら、近くの市場や、生産工場などへの見学の機会を作ってみましょう。

61

見て、触って
魚の大好きな子に

島根県浜田市 **れんげ保育園**

魚が豊富な浜田の海のほど近くにあるれんげ保育園。「魚が大好きな子に育ってほしい」と、日ごろから魚を中心とした食育に熱心に取り組んでいます。

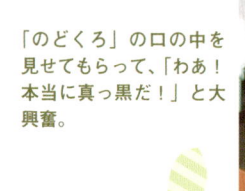

市場で、たくさんの魚にびっくり。

「のどくろ」の口の中を見せてもらって、「わあ！本当に真っ黒だ！」と大興奮。

おみやげにもらったうちわえびを調理の前にしっかり観察。「このえび、どこが食べられるのかな？」。

みそ汁用のねぎを切ります。ねぎをしっかり手で押さえながら、真剣な表情で切っています。

ドキドキしながらも魚を触る子どもたち。「ぬるぬるする！」「これは何だろう？」と、あれこれ興味が湧いてきます。

浜田は日本海に面しており、おいしい魚がたくさんとれる場所です。丸ごと一匹の魚を、見たり、調べたり、調理して食べたりという活動を通して、魚大好きな子になってほしいと願っています。

主任・小林英子先生

魚の市場を見学。旬の魚「のどくろ」に興味津々

魚の市場へ見学にやってきた子どもたち。この市場には、日本海でとれた新鮮な魚が常時30〜50種類もそろっています。

その中から、旬の魚「のどくろ」を見せてもらいました。「どうしてのどくろっていう名前なのかわかる？」と聞かれて、「のどが黒いから？」と答えた子どもたち。「そう。よくわかったねえ」と、市場の人がのどくろの口を開けて見せてくれました。子どもたちは、大喜びです。

「好きな魚を触っていいよ」と言われ、よく手を洗ってから、思い思いに魚を触らせてもらいました。そのうち、これまで以上に魚に親しみを感じた様子でした。

「うちわえび」をみそ汁でいただきました

市場からおみやげに「うちわえび」というユニークな形のえびをいただきました。園に戻って、うちわえびを使った給食作りの手伝いをすることになりました。

沸騰したお湯に半分に切ったうちわえびを入れると、あっという間にきれいなオレンジ色に。みそを加えて、うちわえびのみそ汁が完成です。

だしのきいたおいしいみそ汁に、大感激の子どもたちでした。

おやこでクッキング！

地元の魚をすり身にしておさかなコロッケに

すり鉢ですり身にします。がんばってたくさんすったので、なめらかなすり身ができました。

「えそ」と「かながしら」。あまり聞きなれない名前の魚ですが、それはこの魚はすり身にして業務用に出荷することが多く、一般のお店には、あまり並ばないからだそうです。

剣の形、星の形など、自分の好きな形を作ります。形ができたら、衣をつけて油で揚げ、おさかなコロッケのできあがり。

炊き立てのごはんに、のどくろの一夜干しを焼いてほぐしたものを混ぜれば、のどくろごはんのできあがりです。

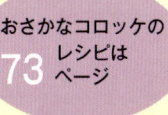

- おさかなコロッケ
- のどくろごはん
- あらだしのみそ汁

地元の魚を使ったクッキングに挑戦。そのひとつ、おさかなコロッケでは、「えそ」と「かながしら」という魚を使います。魚屋さんが魚をさばく様子には、親子とも目が釘づけに。ときおり感嘆の声も上がりました。

そのあと、子どもたちが魚をすり鉢ですり、野菜のみじん切りを混ぜ、好きな形を作ります。子どもたちは、揚げたての「おさかなコロッケ」の中から、自分が作った形を見つけて大喜びしました。

おさかなコロッケのレシピは **73** ページ

できあがり

食育アイデア

魚屋さんに魚をさばいてもらおう

できれば漁師さんや魚屋さんに来ていただき、子どもたちの目の前で魚をさばいてもらいましょう。「魚の命をいただく」経験になります。

活動内容

- **丸ごとの魚を見たり触ったりしよう**
  海が近くにある家庭でも、1尾をさばいて料理するということはあまりしなくなっているようです。水族館で泳いでいる魚を見るとか、図鑑で見るだけではなく、うろこやひれや尻尾に実際に触れて、冷たい体や海の匂いを感じてほしいですね。

- **魚をさばく様子を目の前で見よう**
  漁師さんや魚屋さんなどに、子どもたちの目の前で魚をさばいてもらいましょう。切ると血が出ることなどを見て、その後、その魚を料理して、みんなでいただきます。

  「全部食べてくれるとお魚さんが喜ぶよね」などと話しながら食べると、不思議と残す子は少ないのです。

食べものの育ちを知り 手作りの味を体験

広島県広島市 **保育園ゆりかご**

田植えや稲刈りの経験や、身近に畑がある環境で、「食べものの育ち」を感じながら生活しています。

広島菜の畑にやってきました。広島菜は、はくさいの仲間で、きれいな緑色をした野菜。広島の名産品です。

広島菜漬けの工場を見学。大きな桶の中にぽんぽんと広島菜を投げ込んでいる様子を見て、「きれいに並んでる！」と驚く子どもたち。

広島菜を漬けてみます。

この日の給食は、事前に園長先生が漬けてくれた広島菜漬けとおにぎり。おにぎりのごはんも、自分たちで育てたお米で炊いたもの。手作りの味は格別です！

> 食事の楽しさを感じてほしいと思っています。心の栄養も大事ですが、体の栄養も大事です。保育園生活の中で、子どもに食事の楽しさを見つけてもらいたいです。
> 園長・久保徹先生

広島菜の畑と、漬け物工場を見学

この日は、保育園の近くにある広島菜の畑と広島菜の漬け物を作る工場を見に行くことになりました。

畑では、一株2キロもあるという大きな広島菜を間近で見た子どもたち。「はくさいに似ているね」「でも、根元まできれいな緑色だね」という保育者説明にもしっかり耳を傾けます。

農家の方に収穫する様子も見せてもらいました。

続いてやってきたのは、広島菜の漬け物を作る工場です。大きな広島菜をボンボンと桶に放り込み、上から塩をかけて、ひとつ250キロもあるというコンクリートの重しをのせていきます。ダイナミックな工程に、興味津々の子どもたちでした。

広島菜を漬けてみました

おみやげにいただいた広島菜を、自分たちで漬けてみることになりました。工場で見たことをみんなで思い出しながら進めます。最後に重たい重しを「よいしょ」とのせることができたときには、思わずみんなで拍手をしました。

おやこでクッキング

子どもたちに一番人気！広島風お好み焼きを作りました

布地で作った材料でお好み焼きをひっくり返す練習。くり返すうちに、ばっちりコツを覚えました。

「広島のおいしいもの、知ってますか？」と保育者がたずねると、子どもたちから、すかさず「お好み焼き！」という声が返ってきました。

広島風お好み焼きで欠かせないのが2種類の「魔法の粉」。煮干しの粉とかつおの粉です。うま味たっぷりの粉があれば、おいしさがグンとアップ。

お母さんといっしょにひっくり返します。上手に返したときには、大歓声が上がりました。

●広島風お好み焼き

「広島でおいしいものって何かな？」という声に、子どもたちが即答したのは「お好み焼き！」。その「お好み焼き」を五組の親子が作ってみます。

広島菜やもち、いか天やチーズなど、いろいろな食材を用意してクッキングスタート。生地を丸く伸ばしたり、キャベツをのせたりと、子どもたちも大活躍。お好み焼きをひっくり返す場面では、親子で「せーの」と息を合わせる姿が見られました。

広島風お好み焼きのレシピは73ページ

できあがり

食育アイデア

「お好み焼き」で活動を広げよう

お好み焼きは、粉の変化も楽しめて、クッキングにおすすめですが、作る前と作った後にも活動を広げましょう。

活動内容

・何を入れるか話し合おう
　お好み焼きを題材にした絵本を読んだりして、お好み焼きに何を入れるか、みんなで相談してみましょう。

・ひっくり返す練習をしよう。
　「お好み焼き」を製作して、へらで「エイッ」とひっくり返して遊びましょう。実際に作るときの練習にもなります。

実際に作った後は、絵に描いたり、みんなの合作で大きなお好み焼きを壁面に製作したりすると盛りあがります。

資料 お好み焼きを題材にした絵本

『おこのみやき』
（作・ひぐちともこ／絵・中川洋典／解放出版社）

『ばばばあちゃんの　なんでも　おこのみやき』
（かがくのとも傑作集／福音館書店）

クッキングで本物を味わう

秋田県秋田市 **ふじ保育園**

地元＝秋田の食べものをじっくり味わう機会を作り、きちんと手間ひまをかけた料理のおいしさを伝えています。

秋田名物、稲庭うどんを観察。調理前の乾めんをじっくり見る経験は意外にないものです。

野菜を切ります。「猫の手」もばっちりです。

お鍋がぐつぐつ。「いい匂いがする！」と、できあがりを楽しみに待ちます。

「いぶりがっこ」は、秋田を代表するだいこんの漬け物で、乾燥させるときにいぶすので、「いぶり」という言葉がついているそうです。一切れずつ味見させてもらった子どもたち。秋田の子どもたちは、いぶりがっこが大好きです。

> 子どもたちには、元気で長生きしてもらいたい。だからこそ、手抜きをしない、本物の味を教えたいと思っています。そこで、1か月に1度、クッキングの時間を作って、本物の味を味わう経験をさせています。大きくなったときに、保育園で食べたものを思い出してくれるとうれしいです。
> 園長・田中玲子先生

この日の活動テーマは、秋田のおいしい食べものを知ろう

この日は、子どもたちに秋田の食べものを知ってもらおうと、秋田の名物や特産品、郷土料理を紹介することになりました。「きりたんぽ」「いぶりがっこ」そして、「とんぶり」「稲庭うどん」という小さなほうきの実や、保育園と同じ名前がついた「ふじりんご」などです。

りんごを手にとった子どもたちは、匂いを嗅いだり、手触りを楽しんだりしてから、保育者に皮をむいてもらい、パクリと味見。「みつがいっぱい入ってる」「けっこう甘い」などと、思い思いの感想を言葉にしました。

秋田名物「しょっつる鍋」を作りました

さらに、秋田の名物料理のひとつ「しょっつる鍋」を作って、給食でいただくことになりました。

秋田でよくとれる魚＝はたはたを塩で漬けて発酵させた調味料「しょっつる」を使って、野菜や魚を煮込む鍋料理です。

子どもたちは、はくさいや長ねぎ、せりなどの野菜を切るお手伝い。たくさんの野菜を入れたしょっつる鍋は、昔ながらの秋田の味。本物を味わって、またひとつ園での思い出の味が増えました。

おやこでクッキング！
郷土料理「きりたんぽ鍋」をアレンジ。きりたんぽから手作りしました

炊きたてのごはんをすり鉢に入れてつぶし、粒が半分くらいになったら、杉の木の棒に巻きつけて焼きます。今回は囲炉裏で焼く昔ながらの方法に似せて、七輪で焼きました。

きりたんぽを作ります。なかなか上手にできて、大満足の表情です。

グラタンには、にんじん、ごぼう、いんげんを芯にして作ったオリジナルきりたんぽを使います。

きりたんぽを鶏肉や野菜などといっしょに耐熱皿に盛りつけ、しょっつるで味のアクセントをつけたホワイトソースをかけました。オーブンで焼けば、きりたんぽグラタンのできあがり！ユニークな食べ方を知って、大満足の親子でした。

手作りのきりたんぽを使って、2種類の料理を作ります。どちらも、きりたんぽを洋風料理に使った「おやこでクッキング」のオリジナルメニューです。
ごはんをつぶしてきりたんぽを作ったり、野菜を切ったり、お皿に盛りつける作業にも、楽しく取り組みました。
「きりたんぽは、思ったより簡単に作れるので、家でも作ってみたいと思いました」と、お母さんたちにも大好評。郷土料理のよさを再発見することができました。

● 洋風きりたんぽ鍋
● きりたんぽグラタン

洋風きりたんぽ鍋のレシピは **74** ページ

できあがり

食育アイデア
ホットプレートで ごはんのクッキングをしよう

ごはんを使った、簡単で楽しいホットプレートクッキングをしてみましょう。ホットプレートは、保育室や家庭のテーブルの上で、手軽に子どもたちと料理を楽しめます。

活動例

・焼きおにぎりを作ろう
　子どもが握った小さなラップおにぎりに、みそやしょう油をぬって、ホットプレートの上で焼いて食べましょう。この香ばしい匂いは、きっと子どもの感覚に「おいしい記憶」として残ります。

・チャーハンを作ろう
　好きな具材を子どもが切って、ごはんといっしょに炒め、最後にしょう油で味つけします。

実際に体験して
知る・感じる経験を

愛知県名古屋市 **いずみ保育園**

特徴のある文化が息づく名古屋。いずみ保育園では、特色ある食べものを作ったり、食べたりする中で、地域の食をしっかり伝えています。

「つるつるうどんにな〜れ」とかけ声をかけながら、ダンスのステップを踏むように、足で生地をこねました。こうすると、なめらかなおいしい麺になるのです。

手にべたべたとくっついていたのが、がんばってこねていると、しだいに粘土のようにまとまってきます。

ボウルに入れた小麦粉を触ってみます。「なんか、ふわふわしてる」と、子どもたち。

切った生地の端を持って上げると、細長い麺ができていて、子どもたちから「すごい!」と歓声が。

> 食を通じて子どもは様々な成長をします。そんな食育には大いに関わっていきたいと思っています。例えば、もちつきで、実際につく経験をしたり、もちもちとした手触りを知ったりということが、本当の教育だと思うのです。
> 園長・藤岡省吾先生

赤みそを使った料理が多い名古屋では、みそ煮込みうどんは、子どもから大人まで大人気。みんな汁まで全部いただきました。

うどん作りでは、小麦粉の変化を体感

園の給食でも人気の「みそ煮込みうどん」を、子どもたちといっしょに、麺から手作りしてみることにしました。

小麦粉をボウルに入れて、触ってみます。次に水を入れて手で混ぜると、手に小麦粉がべったり。それが、こねているうちにしだいに粘土のようにまとまってくる変化に、子どもたちは興味いっぱいです。

「どう? おいしいうどんになりそう?」と保育者が聞くと、「うん! なる!」と元気な声で即答した子どもたち。この生地をしばらく休ませてから、今度は足でよく踏みました。

麺棒で大きく伸ばし、たたんでから包丁で切ると、細長い麺ができあがり。子どもたちから「すごい!」「長い!」と歓声が上がりました。

手作りのうどんを、赤みそで煮込んでいただきました

だし汁に赤みそを溶いた汁に、できたてのうどんを入れてよく煮込めば、みそ煮込みうどんのできあがり。赤みそを使った名古屋ならではのうどんです。

自分たちで作ったうどんをつるつるっとすすりながら、「おいしい!」「おいしい!」と声をあげる子どもたち。満足そうな表情が印象的でした。

68

おやこでクッキング！

名古屋名物「みそおでん」と「おにまんじゅう」を作りました

こんにゃくやちくわを好きな順番に串にさしました。

「穴があいている」とちくわで楽しく盛りあがりました。

こんにゃくにフォークで小さな穴をあけます。こうすると味がしみ込みやすくなることを知りました。

もちきんちゃくも作りました。油揚げの中にもちを入れてかんぴょうで口を結びます。結ぶところは、お母さんに手伝ってもらいました。

食育アイデア

名古屋のおやつを作ろう

昔ながらの素朴な味「おにまんじゅう」は、さつまいもがゴツゴツしている様子が、おにの金棒をイメージさせることから名前がついた、素朴なおやつです。

作り方

材料（小8個分）
さつまいも　正味200g
薄力粉　80g
白玉粉　15g
三温糖（または白砂糖でも可）40g
塩　ひとつまみ
水　65cc

1cm角に切ったさつまいもと、薄力粉、白玉粉、三温糖、塩を混ぜ合わせたところに、水をまわし入れて全体を大きくかき混ぜる。

7cm角に切ったオーブンペーパーにのせて、蒸気が立った蒸し器に入れて中火で15分間蒸す。

※さつまいもの代わりにかぼちゃを入れたり、みそや黒砂糖を加えたりなど、バリエーションも楽しめます。

いずみ保育園の「おやこでクッキング」は、名古屋の味二品にチャレンジします。おでん作りでは、ちくわの穴に野菜を詰めたり、こんにゃくを切ったり、具材を串にさしたりと、子どもたちも大活躍。お店から借りた本格的なおでん鍋には、親子から歓声があがりました。

煮込むうちに、おいしそうな匂いが部屋中に広がって、食べるのが待ち遠しい様子の子どもたち。楽しみに待った試食タイムには、満面の笑顔がありました。

● あっさり赤みそおでん
● おにまんじゅう

あっさり赤みそおでんの　レシピは **75**ページ

できあがり

自然の実りに気づき、自然の味を味わう

鹿児島県霧島市 **照明保育園**

自然を感じ、自然に触れる活動を保育の中心にしている照明保育園。食育では、栽培や収穫活動を大切にしています。

夏みかんを収穫。夏みかんは、実がなってもすぐに収穫せずに、しばらくおいておくことで、甘くなるのだそうです。

かんきつ類が豊富な鹿児島県。これは、子どもの顔より大きなぼんたん。

保育者といっしょに買い物リストを確認し、さつま汁の材料を買いに行きます。

野菜を切るお手伝い。いつも手伝っているので、ピーラーの使い方も上手になりました。

> 子どもには、土・泥・水・空気・風が大事だと思っています。そこで散歩に出かけては、いろいろな自然に触れています。また、園でとれたての食べものを子どもに食べさせたいと、できる範囲で野菜などを作っています。
> 園長・藤谷やよい先生

散歩コースの途中にある夏みかんを収穫

散歩コースの途中に、高齢者向けの施設があり、そこの夏みかんの木にはたくさんの実がなっています。この夏みかんは子どもたちのためにと、実を残しておいてくれたので、みんなで収穫させてもらうことにしました。

大きくて立派な夏みかんに、子どもたちは大喜び。道具は使わず、手でもぎって収穫します。手の届かない位置にある実も、保育者に枝を下げてもらってとりました。さっそくその場で皮をむいて味見をしてみたら、「すっぱい！」。それでも、収穫したばかりの夏みかんをみんなで食べたのが、とてもうれしい子どもたちでした。

給食のお手伝いで、野菜たっぷりのさつま汁を作りました

この日の給食は、鹿児島県の家庭で昔から作られているさつま汁。はくさいやねぎ、さつま揚げなど具だくさんのみそ汁です。材料の買い出しからお手伝いのスタート。買ってきた材料の下ごしらえでは、野菜などを、それぞれ食べやすい大きさに切りました。「猫の手」で慎重に野菜を切る子どもたち。切った材料は、軽く炒めてから水を入れて火にかけます。やわらかく煮えたら、みそを入れてできあがり。野菜たっぷりのさつま汁をおいしくいただきました。

おやこでクッキング！

鹿児島県の名産・黒豚と、さつまいもを使った料理を作りました

生のさつまいもの匂いを嗅いでみました。

さつまいもの"おなか"を観察します。同じさつまいもでも、種類によって色が違うことがわかりました。

さつまいもを薄切り肉で巻いていきます。意外な組み合わせのようですが、さつまいもを食べて育った黒豚の甘味のある肉は、さつまいもとよく合うのだそうです。

黒酢のソースにつけて、いただきます。黒酢を入れたソースは「おいしい！」と、子どもにも大好評でした。

食育アイデア

お肉について話そう

肉は生ものということもあり、子どもたちに観察させるチャンスがなかなかありません。野菜と同様に興味・関心をもつ機会を積極的に作りましょう。

活動内容

・**食べる（食べた）お肉はなんの肉か、確認しよう**
可能なら、調理する前の肉を子どもたちに見せましょう。「きのうの夜のごはんに、お肉を食べた人？ なんのお肉を食べたの？」などと聞いてみてもいいですね。

・**鶏肉、豚肉、牛肉を比べてみよう**
いろいろな肉を並べて、観察する機会を作りましょう。肉によって色が違うことや、部位や切り方で呼び名が違うことを確認しましょう。
「これはひき肉というの。ハンバーグを作るお肉だよ」などと話すとよいでしょう。

番組のスタートは、「安納いも」と「金時いも」という2種類のさつまいもを切っての観察タイム。
クッキングでは、黒豚の薄切り肉に塩をふり、ゆでたさつまいもをのせて、クルクルと巻くところを手伝いました。巻き終わりを下にしてトレイに並べ、「できた！」と、得意げな子どもたち。
黒酢のソース作りでは、ぐつぐつと煮立てながら真っ黒なソースができあがる様子を親子で真剣に見つめていました。

● 黒豚とさつまいもの コロコロフライ

黒豚とさつまいものコロコロフライのレシピは **75** ページ

できあがり

三和新琴似保育園の お友達が作った
北海みそラーメン

スープから手作りする、本格的なラーメンです。いももちはそのまま食べてももちろんおいしい！

材料（3～4人分）
＜基本の材料＞
- 麺　3玉
- 炒め用野菜　2～3種（はくさい、キャベツ、ねぎ、もやし、にんじんなど）適量
- 豚ひき肉　80ｇ
- 油　大さじ1
- みそペースト　大さじ4
- 白みそ（淡色みそ）　大さじ2
- スープ　6カップ（1200cc）

＜いももち＞
- じゃがいも　2個
- 片栗粉　大さじ3（じゃがいも重量の10％が目安）

＜その他のトッピング＞
かに身（ボイル）、コーン、バター、煮卵、なるとなど　適量

＜みそペーストの作り方＞
小さめのフライパンを火にかけ、ごま油小さじ2/3、にんにくすりおろし小さじ1/3、しょうがすりおろし小さじ2/3、赤みそ（濃い色の米みそ）大さじ4を合わせ、香りが出てくるまで炒める。

＜スープのとり方＞（できあがり約2ℓ）
鶏がら1羽分と豚骨1kgを水からゆで、沸騰したら取り出して水洗いする。りんご、たまねぎ、にんじん、しょうがなどの材料を全部で200ｇ程度用意し、よく洗ってへたと芯は除く（皮はむかない）。全ての材料に煮干し15ｇを加え、水3ℓで1時間半～2時間煮込んで、こす。

① いももちを作る

- 片栗粉に熱湯を加えてよくかき混ぜ、かため（つきたての餅くらいのかたさ）に練り上げる。
- 皮ごと蒸した（ゆでた）じゃがいもを熱いうちにフォークでつぶし、皮を取りのぞく。
- 片栗粉を加え混ぜ、なめらかにこねて平たいひとくちサイズの丸型に形作る。
- 油をひいたフライパンで両面をこんがりと焼き上げ、しょう油とみりんを合わせたたれを回しかけて味をからめる。

② 野菜炒めとスープを仕上げる

- 野菜は食べやすい大きさに切っておく。
- 大きなフライパンに油を熱し、豚ひき肉、野菜の順に炒めてスープを加える。
- みそペーストと白みそを溶かし味をつける（みその量、割合を加減しながら）。

③ 盛りつける

- ラーメンをゆでて丼に入れ、野菜炒め入りのスープを入れる。
- いももちやかに身などを手早くトッピングする。

---

② すり身を作る

- 魚の切り身は骨と皮を除き、白身の部分を包丁で刻み、さらに細かくたたく。
- すり鉢に入れて塩を加え、ねばりが出るまでよくすり混ぜる。なめらかになったら、おろししょうがを加えて混ぜる（フードプロセッサーを使用してもよい）。
- 野菜4種をすり身に混ぜ合わせる。

③ 形を作って揚げる

- ②を6等分し、厚さをそろえて小判型や三角形、星型など自由に作る。
- 水で溶いた小麦粉をつけてからパン粉を全体にまぶす。
- 中まで火が通るように、180℃の揚げ油でこんがりきつね色に揚げる。キャベツなどのつけ合わせを好みで添える。

POINT
- 入れる野菜は子どもたちと話して、好みで工夫しよう。
- 魚の白身は塩を加えてよくすることでプリッとした弾力のある食感になる。

おやこでクッキング
オリジナル 冬のレシピ

72

保育園ゆりかごの お友達が作った
広島風お好み焼き

へらを使って持ち上げたりひっくり返したりするのが、ワクワクドキドキの楽しい体験です。

材料（1枚分）
<生地>※生地は多めです
水　100cc
しょう油、塩、サラダ油　各少々
薄力粉　70g
<基本の材料>
キャベツ　2～3枚
もやし　少量
豚ばら肉　2枚
焼きそばの麺　1人前
卵　1個
天かす、煮干し粉、かつお節、青のり、塩、こしょう、サラダ油、お好み焼きソース　適量
<その他の材料>
いか天、チーズ、餅、納豆、粒コーン、広島菜漬け、青ねぎ、かいわれだいこん、いりごまなど　好みで適宜

① 生地を作る
・ボウルに水、しょう油、塩、サラダ油を入れてよく混ぜたところに、ふるった薄力粉を入れる。
・泡立て器でゆっくり大きくかき混ぜてから、お玉で、ダマ（粉の塊）をつぶすように均一に混ぜて、粉が残らないようにする。

② 具材の用意
・キャベツは細い千切りにする（スライサーや幅の広いピーラーなどの道具を使うと便利）。
・広島菜漬けは食べやすい大きさに刻む。
・チーズはサイコロ状に、青ねぎは小口切りにする。

③ 生地を焼く 
・180℃～200℃に熱したホットプレートに油を少量ひき、生地を薄く丸い形にのばして焼く。
・煮干し粉とかつお節を合わせたものをふり、キャベツをたっぷりのせる。さらにもやしと天かすをのせて塩、こしょうをふり、上に豚肉をかぶせて少量の生地をかけておく。

④ ひっくり返す
・へらを両手に持ち、生地の下をすくって持ち上げ、手前にひっくり返す。形を整えてそのまま蒸し焼きにする。
・空いているスペースで餅などの火の通りにくい具材を焼き始め、麺も油を少量かけて炒める。

⑤ 好みの具をはさむ
・麺を丸く形作り、いか天、チーズ、餅、納豆、広島菜漬けなど好みの具材をのせる。
・へらで生地の上からぎゅっと押してから、キャベツの下にへらを差し込み、すくうように持ち上げ、麺の上に重ねる。

⑥ 卵ではさみ、またひっくり返す
・鉄板の空いているところに卵を割り入れ、卵黄をくずしながら丸くのばす。 
・すぐに、麺ごとへらですくって卵にのせる。卵がかたまったら全体をひっくり返し、お好み焼きソースをたっぷりぬる。
・仕上げに青のりをふり、好みでいりごまなどをトッピングする。

れんげ保育園の お友達が作った
おさかなコロッケ

白身魚のすり身で作るさつま揚げのようなコロッケ。好きな形を作るのが子どもには楽しい作業です。

材料（直径5cmのコロッケ6個分）
白身魚の切り身　2切れ（正味150g）
※れんげ保育園では「えそ」と「かながしら」を使用しましたが、たら、たい、すずきなどでも可。
塩　小さじ1/3
しょうが　小さじ1/4
にんじん　20g
たまねぎ　40g
ごぼう　20g
万能ねぎ　1本

<衣>
小麦粉（薄力粉）　大さじ3
水　大さじ3
パン粉　1カップ程度

<つけ合わせ>
キャベツ、トマト、ソース、ポン酢など適宜

① 野菜を切る 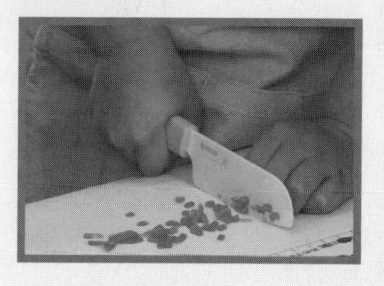
・にんじんはせん切りにしてから細かく刻む。
・たまねぎはみじん切りにする。
・ごぼうは短めのささがきにして水にさらし、水気を切っておく。
・万能ねぎは小口切りにする。

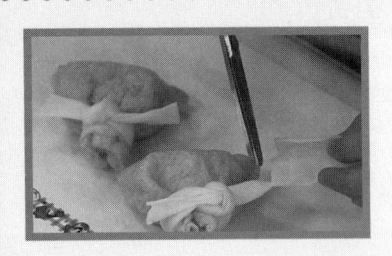

ふじ保育園のお友達が作った 洋風きりたんぽ鍋

きりたんぽは、つぶしたごはんを棒に巻きつけて焼くだけ。みそだれをつけて食べるだけでもおいしいです。

材料（4～6人分）
<きりたんぽ>（12cm×3本分）
ごはん　1合分
塩　適量
<鶏団子>
鶏ひき肉　200g
パプリカ（赤）1/4個
塩　小さじ1/2
片栗粉　小さじ2
<スープ、その他>
水　800cc
コンソメスープの素（顆粒）　小さじ2
しょう油　小さじ2
長ねぎ　1本
まいたけ　小1株
せり　2～3株

1 きりたんぽを形作る

・やわらかめに炊いたごはんを熱いうちにつぶす。
・ごはんの粒が半分くらい見えなくなったら、3等分して、濃い塩水をつけた手にとる。割り箸2本を芯にして巻きつけ、まな板の上で転がして表面をなめらかにする。

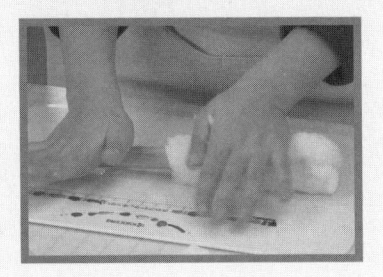

2 きりたんぽを焼く

・炭火か魚焼きグリルでこんがり全面焼き、冷めたら棒を抜いて食べやすい大きさに切る。

3 野菜と鶏団子の準備

・長ねぎは小口切りにする。
・まいたけは食べやすい大きさにさき、せりは2cm程度の長さに切る。
・粗みじん切りにしたパプリカ、塩、片栗粉を鶏ひき肉に混ぜる。
・コンソメスープにしょう油、ねぎを加えて煮立たせ、鶏団子のタネをスプーンですくい入れる。
・あくを取りながら肉団子に火を通し、まいたけときりたんぽを入れてせりを加えたら完成。

POINT
●炊きたてのごはんをすり鉢やボウルに入れて、熱いうちにつくとつぶしやすい。
●割り箸のかわりに、ゆでたさやいんげんやにんじんを入れて焼いてもよい。

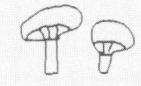

・油揚げは熱湯をかけて油抜きし、半分に切る。中を開いて切った餅を入れ、固めにゆでたかんぴょうで口をしばる。

・だいこんとさといもは皮をむいて、別々に下ゆでする。
・ゆで卵は、殻をむいておく。

2 おでんを煮込む

・みそと砂糖は少量のだしでのばしてから、だし汁の入った鍋に入れて溶く。
・煮汁を煮立たせ、沸いたら種を入れる。
・ひと煮立ちしたらごく弱火にして、30分から1時間煮込む。

POINT
●濃い見た目の色に比べてあっさりやさしい味わいのおでん。表面に味がしみこむまで弱火で煮込むのがコツ。

おやこでクッキング オリジナル 冬のレシピ

照明保育園のお友達が作った
黒豚とさつまいものコロコロフライ

豚肉でさつまいもをまくのが子どもには楽しい作業です。

材料（3〜4人分）
豚肉（ロース薄切り） 12〜16枚
さつまいも（豚肉の幅に合わせた1cm角の棒状） 6〜8本
塩 少々
薄力粉 大さじ4
水 大さじ4
パン粉 1カップ程度
揚げ油 適量
＜まっくろソース＞
黒酢 大さじ2
黒砂糖（粉末） 大さじ4
しょう油 大さじ1

1 まっくろソースを作る
・小鍋に黒酢、黒砂糖を入れて中火にかけ、時々かき混ぜながら煮つめていく。
・大きめの泡が出るようになって、トロリとした感じに煮つまったら、しょう油を加えて火を止め、全体をかき混ぜる。

2 さつまいもの下準備
・さつまいもは豚肉の幅に合わせて、皮つきのまま1cm角の棒状に切る。
・煮くずれないように注意して、やわらかくなるまで12〜15分ゆでて冷ましておく。

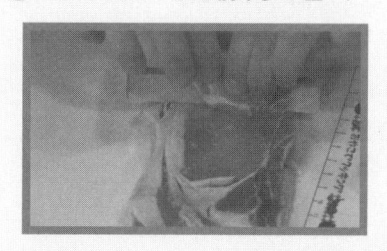

3 さつまいもを豚肉で巻く
・豚肉を2枚つなぐように並べ（脂身が片側に片寄らないように交互に置く）、塩少々をふる。
・手前にさつまいもをおき、クルクルと巻く。

4 衣をつけて揚げる
・薄力粉を水で溶いた衣、パン粉の順にまぶし、180℃に熱した揚げ油でこんがりきつね色になるまで3〜4分揚げる。
※豚肉の重なりが厚い場合は揚げ時間を長めにして、しっかり火を通すように揚げる。

5 盛りつける
・食べやすい大きさに切り、ゆで野菜を添える。まっくろソースを小皿に入れて添え、フライとゆで野菜にたっぷりつけていただく。

いずみ保育園のお友達が作った
あっさり赤みそおでん

名古屋の「赤みそ」を使ったおでんでは、おでん種を串に刺すのが、子どもには楽しい作業です。

材料（3〜4人分）
おでん
＜だし汁＞
赤みそ（八丁みそなど） 50g
白みそ（甘口） 10g
砂糖 大さじ1/2
だし汁 3カップ（600cc）
＜おでん種＞
豚薄切り肉 6〜8枚
ちくわ 小4本
にんじん、ごぼう（ちくわに入る太さ）各2本
こんにゃく 1枚
餅きんちゃく 4個
（油揚げ 2枚／切り餅 2個／かんぴょう 約1m）
はんぺん 1枚
卵 4個
だいこん（2cmの厚さの輪切り） 4切れ
さといも 4個

1 おでんの種を用意する
・こんにゃくは、フォークをさしてたくさん穴をあけてから下ゆでし、食べやすい大きさに切る。
・棒状に切ったにんじんとごぼうは、かためにゆでてからちくわに詰める。
・こんにゃく、ちくわ、豚肉を串に刺す。豚肉は軽く巻いてから縫うように刺す。

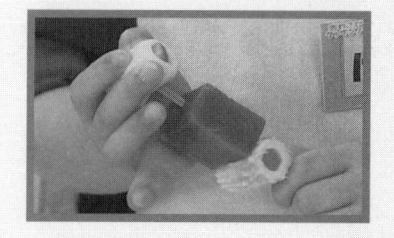

食育クイズ

食に関する「クイズ」を紹介します。子どもたちが、食材への興味を向けたり、知識を高めたりするためのツールとして、クッキングの導入など、さまざまな食育活動でご活用ください。

<活用方法>
- 絵カードを用意し、食育クイズを読み札がわりに、かるた遊びでも楽しめます。
- 「食育だより」などのコラム記事に、お使いいただけます。

★ Part 1 この野菜、なあに？ ★
「野菜くんたちのお話を聞いて、どんな野菜かを考えよう」

泥んこの中で育って、おなかには穴がたくさんあいているんだ。
ヒント 食べるとシャキシャキ。
答え　れんこん

体はとても固くて緑色、おなかの中が黄色で、みんなの顔と同じくらい大きい。
ヒント 煮たり、天ぷらにして食べるよ。プリンもあるよ。
答え　かぼちゃ

体は真っ赤。緑色の小さな帽子をかぶった野菜。
ヒント お弁当に、よく「ミニ」が入っている。
答え　トマト

ちょっとケバケバした体で、切ると、切り口が五角形だよ。
ヒント 食べるとネバネバしている。
答え　オクラ

細長くて緑色、まわりはちょっとボツボツしているよ。サラダや漬け物にしてよく食べる。
ヒント 新鮮だとまわりのボツボツがトゲみたいに痛い。
答え　きゅうり

丸い形をしていて、茶色の洋服を着ているよ。包丁で切るときに涙が出る。
ヒント 生で食べるとちょっぴりからい。
答え　たまねぎ

細長い体で、先につける花は「ぼうず」って呼ばれているよ。
ヒント 細かく刻んでそばやみそ汁に入れたり、長く切って鍋に入れたり。
答え　ねぎ

土の中に、白くて長い体を隠している。おでんにするとおいしいよ。
ヒント サラダにしたり、みそ汁に入れたりもする。
答え　だいこん

くぬぎやこならの木をベッドにして育つ、かさみたいな形の食べものだよ。
ヒント おひさまの光にあたると、カチカチに固くなる。
答え　しいたけ

空に向かって実をつけることから、この名前がついた野菜だよ。
ヒント さやを開くとフワフワのベッドに寝ている。
答え　そらまめ

土の中で、太い棒のように長く育つよ。まわりは土で汚れているけれど、体の中は真っ白だよ。
ヒント すってトロトロにして、ごはんにかけるとおいしいよ。
答え　ながいも

体は緑色で、ピカピカしているよ。赤や黄色の仲間もいるんだ。
ヒント おなかの中は空っぽで、小さな種があるよ。
答え　ピーマン

葉っぱが何枚も重なって、ボールのように大きくて丸い形をしているよ。
ヒント もんしろちょうが、卵を産みに来る。
答え　キャベツ

体はオレンジ色で、カレーやシチューによく入っているよ。
ヒント うさぎさんが大好きな野菜。
答え　にんじん

緑色の体で、小さな木のような形をしているよ。みんなが食べているのはつぼみだよ。
ヒント みんなのお弁当によく入っている野菜。
答え　ブロッコリー

春になると土の中からちょっとだけ頭を出すよ。掘るのが結構大変なんだ。
ヒント 大きくなると、竹になる。
答え　たけのこ

76

★ **Part 2 どんな食べものかな？ 何でできているのかな？** ★

「いつも食べているものが、何から作られているのか考えよう」

ちくわ・かまぼこ・はんぺんは何でできているのかな？
ヒント 海を泳いでいるよ。
答え　魚（白身）

あずき（豆）に砂糖を入れて煮て作った、甘い食べものなあに？
ヒント お団子やおまんじゅうの中に入っているよ。
答え　あんこ

トマト、たまねぎ、塩、こしょう、酢を煮て作った、赤い色のソースはなあに。
ヒント スパゲッティやオムライス、チキンライスの味つけに使うよ。
答え　トマトケチャップ

卵とサラダ油、酢を混ぜて作ったクリームみたいなものはなあに。
ヒント マカロニサラダやポテトサラダに使うよ。
答え　マヨネーズ

こんにゃくは、次のどれから作られるのかな？　次の３つから選ぼう。
①海藻　②ごま　③いも
答え③（こんにゃくいも）

砂糖は、次のどれから作られるのかな？次の３つから選ぼう。
①海の砂　②さとうきびやてんさいという植物　③じゃがいも
答え②

かつお節は、次のどれから作られるのかな？次の３つから選ぼう。
①肉
②木
③魚（かつお）
答え③

ソーセージ・ハム・ウインナーは何でできているのかな？
ヒント ブーブーと鳴く生きものとコケコッコーと鳴く生きもののお肉。
答え　豚肉や鶏肉

いくらってなあに？次の３つから選ぼう。
①たらこのおにいさん
②ゼリーを小さく丸くしたもの
③さけやますという魚の卵
答え③

ツナ缶のツナってなあに？　次の３つから選ぼう。
①鶏肉
②さんま
③まぐろ
答え③

とんかつのお肉は何の肉？
ヒント 「とん」がヒントだよ。
答え　豚肉

ポテトチップスは何からできているかな？
ヒント カレーライスやシチューに入っている野菜だよ。
答え　じゃがいも

お米からできるものには何があるかな？知っているだけ言ってみよう。
答え(例)　ごはん・せんべい・もち・団子・酒・酢など

牛乳からできるものには何があるかな？知っているだけ言ってみよう。
答え(例)　バター・チーズ・アイスクリーム・ヨーグルト・生クリームなど

大豆（豆まきのときに使う豆だよ）からできるものには何がある？
答え(例)　しょう油・みそ・豆腐・油揚げ・納豆・きなこなど

おもに小麦粉を使って作られているものには何があるかな？
答え(例)うどん・パン・お好み焼き・たこ焼き・クッキー・ホットケーキ

Part 3 どんなお料理ができるかな?

「材料と作り方を聞いて、どんなお料理ができるのか考えよう」

ひき肉、たまねぎ、卵、パン粉をよく混ぜて、丸い形にして焼くよ。ソースやケチャップをかけるとおいしい食べものなあに?

答え　ハンバーグ

マカロニと、鶏肉やえび、たまねぎなどに、ホワイトソースとチーズをかけた食べものなあに?

答え　マカロニグラタン

たっぷりのキャベツと豚肉などを、溶いた小麦粉と混ぜて丸く焼いたものなあに? ソースと青のりをかけて食べるよ。

答え　お好み焼き

にんじん、たまねぎ、じゃがいも、肉をグツグツ煮て、ルーを入れるとできる、ちょっぴりからい食べものなあに?

答え　カレー

レタス、きゅうり、トマトなどの野菜に、ドレッシングやマヨネーズをかけて食べるものなあに?

答え　サラダ

チキンライスを薄い卵焼きで包んだ食べものなあに?

答え　オムライス

あずきを入れて蒸したり炊いたりしたごはん、なーんだ? もち米を使うことが多いよ。

答え　赤飯

甘く煮た油揚げの中に、寿司めしを入れた食べものなあに?

答え　いなり寿司

ハム、きゅうり、卵などをパンにはさんだ食べものなあに?

答え　サンドイッチ

だいこん、ちくわ、こんにゃく、はんぺん、ゆで卵などを、しょう油味のスープで煮たものは?

答え　おでん

油で揚げた、浮き輪みたいな形の甘い食べものなあに?

答え　ドーナツ

酢で味をつけたごはんに、お刺身をのせたり、のりで巻いたりした食べものなあに?

答え　寿司

丸い台に、ピーマンやマッシュルーム、チーズをのせて焼く、イタリアという国からきた食べものは?

答え　ピザ

じゃがいもがたっぷり入ったフライはなあに? ひき肉やちいさく切った野菜も入ってるよ。

答え　コロッケ

ハンバーグをはさんだ丸いパンて、なーんだ?

答え　ハンバーガー

牛乳、砂糖、卵を混ぜて作った、甘いデザートなあに? 冷たく冷やして食べるとおいしいよ。

答え　プリン

細く切ったごぼうとにんじんを炒めてしょう油と砂糖で味をつけたおかずはなあに?

答え　きんぴらごぼう

キャベツ、豚肉と中華めんを炒めて、ソースで味をつけたものなーんだ? お祭りでよく食べるよ。

答え　焼きそば

小麦粉と牛乳、砂糖、卵などを混ぜて、フライパンで丸い形に焼いたものなあに? メープルシロップをかけて食べるよ。

答え　ホットケーキ

78

★ **Part 4 野菜のおなか、これなあに？** ★

「野菜を半分に切ったおなかの中だよ。なんのおなかか考えよう」
※拡大コピーして色を塗り、大きな絵カードにしてご活用ください。

答え　たまねぎ

答え　かぼちゃ

答え　きゅうり

答え　たけのこ

答え　ピーマン

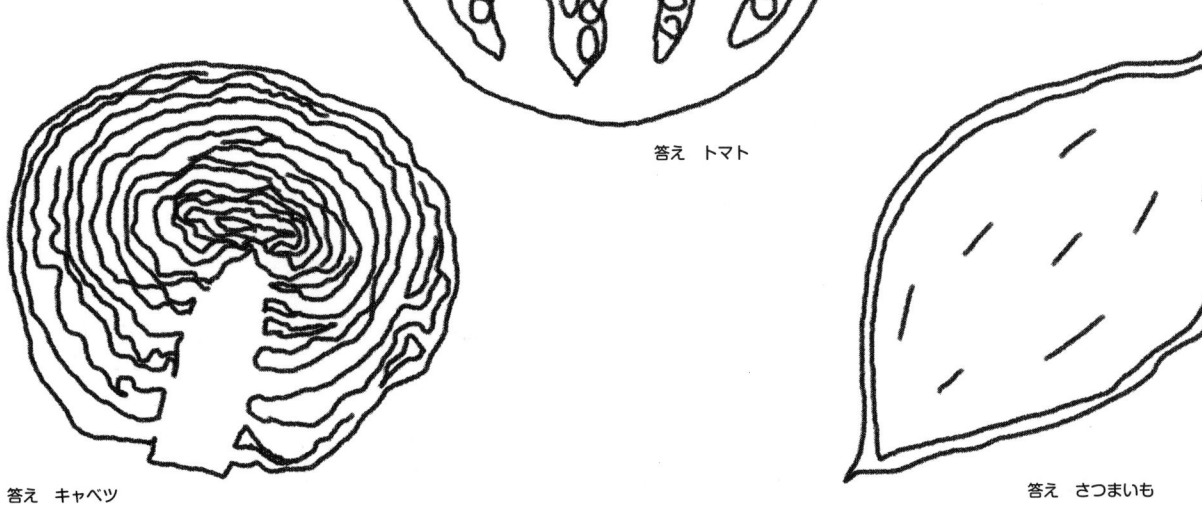

答え　トマト

答え　キャベツ

答え　さつまいも

〈著作〉
株式会社キッズステーション

キッズステーションは、子ども向け知育・情操番組や、名作・新作・人気アニメ、劇場版アニメを放送する「こども・アニメ専門チャンネル」です。全国のケーブルテレビ局やスカパー！、スカパー！e2、ひかりTVなどでご覧いただけます。
公式ホームページ：http://www.kids-station.com/

〈協力〉
公益社団法人 全国私立保育園連盟
京セラ株式会社

編集協力　有限会社グループこんぺいと（萌木立みどり・鈴木麻由美）
デザイン　株式会社エルジェ（村上ゆみ子）
本文イラスト　石川えりこ
画像提供　株式会社エフ・エー・ブイ
レシピ提案・監修　福留奈美
校正　中村孝志
編集担当　石山哲郎

食育アイデアBook
おやこでクッキング IN 保育園　テレビの本

2011年3月　初版第1刷発行

著　者　キッズステーション©Kids Station Inc.
発行人　浅香俊二
発行所　株式会社チャイルド本社
　　　　〒112-8512　東京都文京区小石川5丁目24番21号
　　　　電話03-3813-2141（営業）　03-3813-9445（編集）
振　替　00100-4-38410
印刷所　共同印刷株式会社
製本所　一色製本株式会社
ISBN　978-4-8054-0182-8
NDC376　25.7×21.0　80P
乱丁・落丁はお取り替えいたします。

本書の内容の一部あるいは全部を無断で複写複製することは、法律で認められた場合を除き、著作権者及び出版社の権利の侵害となりますので、その場合は予め小社あて許諾を求めてください。

チャイルド本社のホームページアドレス　http://www.childbook.co.jp
チャイルドブックや保育図書の情報が盛りだくさん。
どうぞご利用ください。